武蔵野マイウェイ

海野　弘

武蔵野マイウェイ　目次

I

Ⅱ

Ⅲ

I

残る宿場のざわめき

府中から分倍河原

国木田独歩の『武蔵野』が出版されてから百年がたった。私はたまたま武蔵野に住んでいて、ときどき散歩する。このごろ私も〈武蔵野〉を書いてみたいと思うようになった。私の好きな散歩道をすこしずつ、ゆっくりと書いてみたい。

どこからはじめようか。私はすぐに、府中の大国魂神社が浮かんだ。京王線の府中駅からケヤキ並木の道を南へ進むと、この神社に突き当たる。その前を旧甲州街道が走っている。私はよく大国魂神社に出かける。境内に府中市図書館があるからだ。静かな神社の森にある、私の好きな図書館だ。祭りの時は、屋台店や見せ物小屋にとり囲まれる。

この神社の前から、甲州街道を西へ、分倍河原駅まで歩いてみたい。一キロぐらいのほんの短い距離だが、私の武蔵野散歩の始点にすることにしよう。

神社のそばの喫茶店で日替わりランチを食べ、コーヒーをのんびりと飲み、いよいよ出発である。

まず、図書館に寄って、府中の郷土資料を見る。昔の町並みの地図があったのでコピーする。この道は何度も歩いているが、きちんと調べたことはないので、松村鉄心『宿駅としての大磯と府中』（一九八三）などを拾い読みする。

地図と資料がだいたいそろったところで、いよいよ歩きはじめる。古い地図を持って歩くと、意外なほど昔と同じところが残っていて面白い。まず神社の隣には、大きくて立派な紙屋「よし村」がある。古い地図でもここに「福井」という紙・茶商があった。

その数軒先は、「コナカ」という洋服のチェーン店で、昔からのものではないが、その前に府中の歴史が描かれた石碑が立てられ、このあたりは神戸《ごうと》といわれた、とある。府中は昔の国府のあったところで、その郡家《こほと》がこのあたり、そこから神戸《ごうと》という地名になったという。府中市役所はこの裏にある。

府中宿は家康が江戸に入り、甲州街道を整備した時にできたといわれる。古い道はやや南の方を通っていた。

武蔵野は台地と低地の二段からなっている。台地にしみこんだ水は、台地と低地の間、段になって崖の下にしみ出す。それが集まったのが野川である。武蔵野崖線に沿った地形を〈ハケ〉という。水が溜まらずに、ハケるからであろうか。崖線に沿ってその下を通る道を〈ハケの道〉という。

府中を通る甲州道の古道も、ハケの道であった。大国魂神社のところは、ちょうど台地のはずれで、古道はそのすぐ南の下を通っていた。江戸時代の甲州道はすこし北に移り、崖の上を通るようになった。これが、神社の前を通っている街道である。今はさらに北に(新)甲州街道が移り、神社の前の通りは旧街道と呼ばれるようになった。

神社の前を左へ行くと、大きな通りと交叉する。府中街道である。この交叉点が府中宿の中心である。南西の角に、高札場跡の碑がある。そのうしろが大国魂神社の御旅所である。北西の角には古い蔵づくりの酒屋「中久」がある。創業一八六〇年とある。幕末である。「中久」の二階には「蔵」という喫茶がある。府中街道をはさんで、東が神戸、西が番場である。

番場は、府中宿の中心であった。今は、府中駅のまわりに盛り場が移ってしまったので、番場のあたりは静かである。それだけに、古びた商店街が残っていて、ここを通るのが好きだ。

府中宿は、江戸から甲府までの間で、内藤新宿と八王子宿に次いで三番目に大きかった。天保十四年(一八四三)に本陣一軒、脇本陣二軒、旅籠屋二十九軒あったそうだ。その中で「四人部屋」と呼ばれた旅籠が有名であった。主人の野村瓜州は文人で、服部仲英の弟子であった。彼は江戸の文人とつき合い、「四人部屋」は文化サロンのようであった。府中もなかなか文化的であったのである。

「四人部屋」というのは変わった名であるが、昔、親子四人連れの坂東巡礼の宿をした時、宿の主人がそのうちの一人を気に入って養子にし、あとを継がせたという。それにちなんで家名にしたのだそうだ。

すでに述べたように野村六郎右ェ門（瓜州）は、太田蜀山人（南畝）、俳人の富岡露庵などを府中に招いた。そして多摩川などに案内し、「松羅園」という私塾を開いた。『担々草』という文集を出している。なかなかの地方文化人であったらしい。

番場のあたりには、蔵づくりの家や、昭和初期のモルタル建築の商店など、古きよき時代の町並みがちらほらと残っている。プロパンガス販売の「三田商店」などもノスタルジックな雰囲気がある。その向かい側を北へ入ると奥に長福寺がある。はじめは天台宗であったが、中世に時宗遊行派の寺となった。念仏道場としてかなりにぎわっていたという。府中には他にも称名寺などの時宗の寺がある。宿場町だから、遊行する念仏聖が集まりやすかったのだろうか。

やがて甲州街道は、下河原緑道と交叉する。これは鉄道線のあとである。下河原砂利線という多摩川から砂利を運ぶ貨物線が走っていた。この線は一九一〇年に国分寺―下河原の間に開通した。東京砂利鉄道と呼ばれた。一九三三年には東京競馬場ができて、そこへの支線が開かれた。しかし武蔵野線ができたので、一九七三年に客車が廃止になり、一九七六年には貨物線もとり払われ、下河原緑道となった。

緑道を過ぎると片町になる。甲州街道の南側は高安寺という大きな寺が占めていたので、北側だけに町並みが出来たので片町という。今は、南側にも町並みが出来ている。

片町公会堂がある。神輿が収められている。その脇を南へ入ると高安寺である。街道を一歩入ると、まるで中世のような静けさで聖なる空間が広がっている。

伝説によれば、ここは関東の武将藤原秀郷が武蔵野国国守となって建てた館のあとだという。その後、市川山見性寺という寺になった。兄頼朝に鎌倉入りを許されなかった義経が弁慶とともにここに籠り、大般若経を写して謝免を待ったという。弁慶が墨をするための水を汲んだ「弁慶硯《すずり》の井」が残っている。

中世の騒乱の時代、足利尊氏が諸国に安国寺を建立し、治安を祈願した。その時、見性寺は武蔵野国安国寺として高安護国禅寺の名で再興された。これが今の高安寺である。

靖国神社はさびれたが、天江東岳和尚が曹洞宗の寺として復興した。家康が江戸に幕府を開き、高林吉利を最初の府中代官として任命した。吉利は新しく甲州街道をつくり、その脇にある高安寺を保護した。

甲州街道から南へ下ると静かな高安寺の境内に入る。まっすぐ行くと観音堂で、右へ曲がると本堂へ行く参道である。夕暮れの中で陰に沈んでいる山門が見える。その奥が本堂である。南側は墓地で、高林吉利や野村瓜州もここに葬られている。

山門のわきに、無数の水子地蔵が並べられ、赤い風車がまわっているのが、ふと哀れを誘う。古代、中世、江戸と長い歴史をくぐり抜けてきた寺の境内で、武蔵野の千年を感じたような気がした。

甲州街道にもどる。高安寺の長い歴史に比べると、街道に並ぶ家々は、この百年、いや五十年の間にも、なんと変わってしまったことだろう。町角にとり残されている数十年前の町内図を見ても、そこに書き込まれた家々の多くを見つけることができない。それでも古い地図にある石屋がまだそこにあったりするとなんとなくうれしくなる。

この旧街道は、車は通り過ぎていくが、歩いている人はあまりいない。車の音以外はとても静かだ。夕方に、帰宅してくる中学生や高校生の自転車の群が通る。その時だけ、にぎやかになる。

高安寺を過ぎてまもなく、脇道がある。これはかつて川で、橋があり、甲州街道はそれを渡っていった。その橋は弁慶橋と呼ばれた。川は、武蔵野台地からハケのところに湧いてくる水を集めた小川で、橋も九尺（二・七メートル）の小さなものだったが、国領と日野の間で、唯一の欄干のある石橋であったという。この川も埋め立てられて今はない。

このあたりを弁慶坂といったという。ここにある石碑によると、〝棒屋の坂〟ともいったという。近くに棒屋があったからだそうだ。棒屋というのは、棒をつくる仕事だ。鍬などの柄の棒だとか、六尺棒などをつくる。かごかき人足などは力杖を持っている。〈弁慶〉というのも、山伏だとか、力仕事の人足のことなのかもしれない。宿場のはずれには雲助などといわれる力自慢の荒くれ者がたむろしていたらしい。弁慶橋なども、そんな連中が集っていたところなのではないだろうか。

そろそろ、分倍河原の駅に近い。今日の武蔵野散歩も終わりに近づいている。甲州街道が京王線の踏切にさしかかる右角に、片町の公民館がある。その中に、つるべ井戸が保存されている。昔は街道沿いにあり、旅人ののどをうるおしていたそうである。甲州街道と府中街道の交叉点（「中久」という酒屋があるところ）にも、つるべ井戸があったという。

甲州街道のほんの一部を歩いてきたのだが、その間に武蔵野の水が見えかくれしているのに気づいた。ハケから湧く武蔵野の地下水、それを汲むつるべ井戸、弁慶の「硯の井」の伝説も、それに関連しているのだろう。

そして、甲州街道は、はじめハケの下を通り、次にハケの上、崖のはじを通るようになった。そこで、つるべ井戸が必要になったのだ。これが私が、歩いてきた甲州街道（旧道）である。そして今は、さらに北へ移り、自動車がつながっている甲州街道になっている。弁慶の井戸、橋といった伝説は、この英雄が水に関係が深いことを語っている。もしかしたら弁慶は、荒れ狂う水の反乱を象徴する神なのかもしれない。

府中宿は、南に多摩川があり、そこに向かって下っていて斜面にできている。北高南低という地形の境い目を縫うように街道が走っている。北では水は地下にひそみ、南では地上にあらわれる。甲州街道を歩いて行きながら、私は武蔵野の水流をかすかに聞いたように思った。

〝中世〟の面影残す
関戸のあたり

京王線が多摩川を渡ったところに、聖蹟桜ヶ丘駅がある。このあたりは古くから関戸といわれてきた。その名のようにここに関所があり、霞が関と呼ばれたそうだ。

関戸は、北を多摩川が流れ、南は多摩丘陵で、多摩ニュータウンの造成ですっかり変わったように見えるのだが、ある時、このあたりを歩いていて、住宅地のまん中に、まるでかくれ里のように中世の面影を残している一角があるのを発見しおどろいたことがあった。それ以来、いつかこの里についてきちんと調べてみたいと思っていた。そして初冬の晴れた日、私はそこを訪れたのであった。

その里の地名は多摩市の東寺方という。そこを見つけたのは偶然で、東寺方図書館に寄ってみようと出かけた時、あいにく図書館が休み（ここは木曜日が休みである）なので、あたりをぶらついていて、迷いこんでしまい、まるでタイムスリップしたように〈中世〉の里を見つけたのである。その時は、夕暮れになっていたので、また来ようと思い、ゆっくり見ることはできなかった。

そこには山神社という古びた小さな社があった。あれはどんな神社なのだろう。ずっと気になっていたので、私は図書館で調べることにした。

聖蹟桜ヶ丘駅で下りて、駅のそばにある関戸図書館に寄る。それほど大きくはないが、なかなかいい本がある。郷土資料の棚で探してみる。ところが、なかなか見つからない。武蔵野や多摩の歴史散歩といった本を見ても出ていない。かなりくわしいガイドブックでも、入っていないのである。つまり、だれも見に行く人などいないらしい。それでも関戸のあたりの歴史についての資料はあった。佐藤孝太郎『多摩歴史散歩』①（有峰書店一九七三）の「多摩の横山歴史散歩／関戸・連光寺めぐり」のところをコピーする。

それによると、大化の改新で、武蔵国府ができ（今の府中）、そこに行く道が関戸を通り、関所がつくられた。多摩川のほとりでは武蔵七党といわれる武士団が馬で走りまわった。

関戸を通ったのは鎌倉街道の一つで、上の道といわれた。このあたりには鎌倉時代、横山党がいたので「横山」という地名が残っている。つまり、鎌倉時代から人や馬の往来が激しかった土地であるらしい。

しかし、この本にも山神社は出てこない。ようやく『多摩の歴史』7（有峰書店一九七五）に山神社の短い説明があった。祭神はオオヤマツミノミコトで「東寺方の鎮守で、文正二年（一四六七）九月十七日に鎮座と伝えられる。ここは、かつて寿徳寺の境内であった。」これで全部である。

ともかく、山神社がいつ出来たかわかったので、いよいよ出発することにした。聖蹟桜ヶ丘からいきなり歩いてもいいのだが、ちょっと寄り道をすることにして、中央大学行のバスに乗る。野猿街道を八王子の方に向かい、中央大学の手前の天野で下りる。街道沿いに「ブックスいとう」という古書店があって、そこをのぞく。

それからまたバスでもどり、途中の多摩第二小学校前で下り、野猿街道から小道を入り、体育館の先にある東寺方図書館に向かう。ところが、ここで珈琲店の看板を見かけて道草をする。まだ数軒の農家が残り、軒下に柿が吊るしてあるといったのどかな道である。そこに「邪宗門」というカフェがあった。なぜ、こんなところにカフェ「邪宗門」なのか。ちょっと寄ってみたくなる。

山小屋風の褐色のインテリアの、いかにもコーヒー通のマスターと客のいるカフェである。私はここでゆっくりコーヒーを飲みながら、コピーしてきた資料を読んだ。

それから、やっと歩き出す。すぐに東寺方図書館がある。やっぱり、ここにも寄って地図をコピーする。図書館を出て、曲がりくねった道を進む。この前、来た道をぼんやり思い出して、坂を登って行く。もうすぐのはずだ。

ところが、ここで私は迷ってしまったのである。途中の分岐点で、左に行くべきところを右に入ってしまったらしい。さんざん歩きまわり、結局、元のところへもどり、左へ登っていくと、急に山神社の石段が見えた。やっぱりここはかくれ里であり、なかなかすぐに近づけないんだ。迷ったのもここに入るための儀式なんだ、と思ったりした。

地図を見ると、この道は桜ヶ丘西通りというらしい。丘の斜面を切り通したように道が通っていて、右手が高くなっていて、急な石段と鳥居がある。古びた木々の森に包まれていて、少し枯れて、黒ずみかけた赤や黄の葉が日の光に映えていた。

私は落葉を踏みながら石段を上っていった。上りきると木々に包まれるようにして小さな社があった。静けさがたちこめていた。行事や祭の時以外、この無人の社は眠りについているのだろう。降り敷いていく落葉だけがカサカサとささやいている。ここに積っている長い時が、そこにたたずんでいる私を包んでいくようだった。

オオヤマツミという山の神、土地の神を祀った社である。山神社というのは、なんてさりげない名なのだろう。この地をひっそりと守っている小さな名もなき神。その庭で、四季が木々の葉を染め、散らし、芽ぶかせ、見る人もいないレヴューをくりひろげている。

石段の脇には道へ下りる坂道がある。それをまわって、また神社の前に出る。道をはさんで、その向かい側に小さな雑木林がある。簡単な柵がめぐらされている。武蔵野の名残りがこんなところにもある、と近寄ってみると、小さな標柱が立っていて、寺方大屋敷跡とある。ここにかつて中世初期の土豪屋敷があったというのだ。もちろん屋敷はないが、その敷地がそのまま保存されていることに私は感動した。

山神社のうしろに寿徳寺がある。吉祥山といい曹洞宗(禅宗)である。明徳元年(一三九〇)に念阿法印護法入道和尚が開基したと『多摩市の歴史』にある。本尊は観世音菩薩である。山神社と大屋敷も寿徳寺の領地であったらしい。この寺は中世以後、しばらく廃寺になっていたが天正八年(一五八〇)に再興され、徳川家から朱印を拝領した。明治の大火で全焼してしまったが、なかなか古い歴史を持つ寺である。

雑木林の奥に観音堂が見える。朽ちかけているが風情がある。まわりに柵があるから勝手に入ってはいけないのだろうが、竹棒をまたいで、ほんの少しだけ観音堂の前に立たせてもらった。入り口には五体の石地蔵が並んでいるが、いずれも首がない。自然に石が落ちたのか、それともなにかの動乱の中で破壊されたのかわからないが、無残な姿が哀れを誘う。

ニュータウンのまん中に、中世の屋敷跡と山神社が時の忘れ物のようにかくれている。私はそのことにおどろかされるが、このあたりは多摩川に近いこともあり、古くから人々が住みついていたらしい。近くには、稲荷塚、庚申塚といった古墳がある。そして平安から鎌倉にかけて、武蔵七党といわれる武士たちが割拠していた。関戸は府中の西なので、西党といわれる武士団がいた。『吾妻鏡』によると、養和元年(一一八一)、小山田三郎重成が、吉富(乞田)、連光寺、一の宮などを所領としていた。いずれもこの周辺である。小山田氏は小山田荘(町田市)にいたというから、多摩から町田にかけて支配していたらしい。

とすれば、東寺方にあった土豪屋敷というのは、小山田氏の一族だったのだろうか。山神社がある丘を越えると、関戸橋から永山、多摩センターに行く道に出る。これが鎌倉街道上の道である。

関戸橋を北へ渡ると、府中に出る。このあたりは、古くから人の往来があり、いろいろな道が出合っていた土地であることがわかる。十六世紀、小田原北条氏が武蔵野を支配していた頃、関戸には有山源右衛門という有力者がいたという。彼は六人委員会を組織して、ここを管理していたそうだ。

しかし小田原北条氏は滅び、徳川の世となる。家康は甲州街道を整備したので、多摩川の北を通るようになり、関戸で多摩川を渡る鎌倉街道はさびれていった。旅人でにぎわった宿場や、市場も甲州街道沿いに移っていき、関戸の界隈も静かな農村に戻っていった。それだからこそ、この地に、江戸以前の中世がそのまま残っていたのかもしれない。

私は茶色い落葉が積ってふわふわしている屋敷跡の庭をゆっくり歩きまわった。木立を通して日の光が縞をつくっている。現在のさわがしい時を離れて、今ここにいることが不思議に思えた。木立の奥から、昔の人々が現われそうであった。私は今、中世の屋敷にいる。二十一世紀からここに落ちてきたのだ。

木の陰が濃さを増した。気づくと、少し日がかげりはじめていた。いつの間にか、かなりの時が過ぎていた。

　私は竹の棒をもとにもどし、外に出た。観音堂はすっかり陰に沈んでいた。屋敷跡の脇を下りていくと、畑や農家のある小道で、野猿街道に出る。前に来た時はその道をたどった。今日は、桜ヶ丘西通りをそのまま進む。急な坂を上ると巨大なコンクリートの円筒がある。桜ヶ丘浄水場である。その先から聖蹟桜ヶ丘駅へ下りていく。「いろは坂」である。日光のいろは坂に似て、ぐるぐると蛇行していく。歩行者には、まっすぐ下りていく石段がある。

　坂の上は急に開け、多摩川の流れが広がる平野が眼下に見える。そこにはまだ日があかあかと当たっていて、明るい。ゆっくりと石段を下り、ショッピング・センターなどがある現代の街にもどっていく。街の通りから、京王線の電車から見える桜ヶ丘の中に、中世のかくれ里があったことを、すれちがう人たちに語りたい気がするが、人々はいそがしげに通りすぎて行く。

武蔵野文庫

『武蔵古道ロマンの旅』　芳賀善次郎

　著者は郷土史家で、旧鎌倉街道についての力作を書いている。〈鎌倉街道〉というのは、かなり漠然としたいい方らしい。江戸時代に新しい街道を開き、それ以前の古道をすべて〈鎌倉街道〉と言ったらしい。私は、鎌倉街道は鎌倉幕府に向かう街道のことかと思っていたが、古道をまとめていっているらしい。

　著者は十年にわたって旧鎌倉街道を調査し、実に魅力的な古道を発見している。まったく道というのは面白い。武蔵野の空間が見えてくる。そして詳細な地図が入っている。

　府中から大宮までの大宮街道という古道があったという。

「最初の道は、大國魂神社参道から分かれていたと思われ、京王線府中駅南側を東西に走る細道がその名残りかと考える。

　若松町に行くと浅間山が見えてくる。古代の旅人にとっては見渡す限りの草原だった武蔵野に、ポツンと突き出て変化をあたえている浅間山には、どんなに慰められたことであろうか。

　浅間山南麓には泉の湧き出る所があって、上屋敷、下屋敷と呼ばれていた地域があった。」

　このように説明はとてもいきいきとして面白い。府中の近くの浅間山は府中市美術館の近くで、前に登ったことがあり懐かしい。

　このように古道の埋もれた痕跡を掘り出し、道筋をつけてくれる本で、想像力をかきたててくれる。そのほんの一部しか歩いたことはないが、知らない道でも、それが見えてくるように感じられる。

　武蔵野はどの道も面白い、と言った独歩のことばを信じて、すべての道を歩きまわろうとした人がいたことに感嘆させられる。

（さきたま出版会　一九八四年）

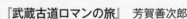

緑道が誘う

府中の森と、浅間山

今日は、府中の森公園にある府中市美術館に行くことにした。

府中駅から、ケヤキ並木を北へ向かい、桜通りを右へ入る。桜並木がつづく、私の好きな散歩道で、しゃれたカフェやケーキ屋、小間物店などがある。紅茶の店「おらんだ屋」、カフェ「南方郵便機」がある。サン・テグジュペリのファンなら、この店を見て入ってみたくなるだろう。また「夢の絵本堂」という古書店がある。ここも本好きにはたまらないような本が並んでいる。

駅から少し離れたところに、こんな粋な通りがあるのが面白い。桜の季節は見事だが、花の散った後も、なかなか風情がある。駅を下りた時、いくらか雨が落ちてきたので、ビニール傘を買った。それをさして桜通りを歩いた。

桜通りを東へ進むと小金井街道にぶつかる。それを北へ、武蔵小金井に向かって歩くと、まもなく右手に府中の森公園が現われる。ゆったりした広い公園で、その北部に美術館がある。時々、ユニークな展覧会があり、私は楽しみにしている。今日は「クリストファー・ドレッサーと日本展」を見にきたのである。

ドレッサーはモダン・デザインの父ともいわれる人で、明治の日本を訪れたこともあり、そのデザインにはジャポニズム（日本趣味）が強く影響している。私の調べているアール・ヌーボーにも関係が深いので、興味を持っている。

ドレッサーというと、シンプルな形の金属器のデザインが浮かぶのだが、今回は、陶磁器の作品がたくさん出ていて、実に面白かった。焼物だと、彼の日本趣味がはっきりと感じられ、親しみを持てるのである。府中の森で、十九世紀のイギリスのデザイナーの工芸品を見ていることがちっとも不自然ではないのだ。

美術館を出た時、雨脚が強くなってきた。どうしようか、と私は迷った。今日は、美術館を見てから、そのすぐ北東にある浅間山を歩くことにしていたのである。ともかく、ここまで来たのだから、近くまで行ってみよう、と私は歩き出した。

府中の森公園はかつて基地があったところで、それが払い下げられて公園がつくられたのである。北の方にはまだ整備されていない森が残っていて、宿舎のような廃墟が木々の間に見える。開発が進む中で、これだけ武蔵野が残っていることにおどろかされる。

府中の森を抜けると、東の方に新小金井街道があり、それを北へ行くと、こんもりとした小高い森が見えた。雨がたたきつけるように激しくなり、森は黒々とそびえている。どうやらこれが浅間山《せんげんやま》らしい。

すでに私はぐっしょりと濡れ、靴の中には水が入ってきていた。私は暗い森を見上げた。もう、これだけ濡れているのだから、今さら濡れたり、泥にまみれることをおそれることはない。というわけで、私は森に入っていった。道は登りになり、中央は流れ下る川になっている。すべりそうになりながら、私は登っていった。雨が森をざあーざあーと鳴らしている。どうも大変な武蔵野散歩となった。地図を出せないので、どこを歩いているのかもわからない。

あとで調べたのであるが、浅間山は、堂山、中山、前山という三つの丘からなっている。標高八十メートルという低い山であるが、まわりが平地なので、ここだけが高く、木々が茂った森になっている。すぐそばが住宅地であることは信じられないほど、まわりから隔離された深い森のように感じられる不思議な場所だ。

私がはじめに登ったのは前山で、なんとかそれを下ると、中山と堂山にあらためて登った。ムサシノキスゲの自生地だそうである。堂山には小さな石祠の浅間神社があった。晴れていたら快適な森林浴なのだろうが、なにしろ豪雨の中で、暗い山を歩いているのだから、すっかり水びたしであった。

浅間神社のすべりそうな石段を下ると、浅間山の森が終わりだった。雨は小降りになってきた。一番ひどい時に、小川のように雨水が流れる山道を歩いていたわけである。

浅間山は実は『太平記』の舞台となった古戦場なのだ。このあたりで、「人見《ひとみ》ヶ原の合戦」または「武蔵野合戦」と呼ばれる戦いがあったのだそうだ。府中図書館で、府中市史の人見ヶ原合戦の章を読んでみた。南北朝の対立が激しくなり、南朝の後村上天皇はもう宗良親王を征夷大将軍にし、東国の総司令官にした。一三五二年、宗良親王は武蔵に入った。二月十七日、人見ヶ原、金井原（小金井）で、親王の軍と足利尊氏の軍が衝突し、この時は尊氏の軍が破れた。

ここで戦ったのは、親王や尊氏ではなく、その手先となった地元の武士団であったろう。武蔵七党といわれた関東武士たちは、南北朝のそれぞれに分かれて争っていた。府中は古くから鎌倉街道の拠点であり、このあたりから小金井にかけての平野や、河原が南北朝の合戦場になったのであった。

私は『太平記』の時代を想像してみる。浅間山は、今ほど木が茂っていなくて、見晴しがよく、合戦の見張りには便利だったろう。二月というから真冬で、かなり寒かったかもしれない。もしかしたら、浅間山の森に入った時、あれほど強く雨が降ったのは、この地で散った戦死者の怨霊のせいだったかもしれない。ざあーざあーと降りしきる雨の音は、合戦の叫びであったかもしれない。のどかな武蔵野の散歩を楽しもうとした私に、〈武蔵野〉が、その厳しい歴史の光と闇を教えようとしたのではなかったろうか。

浅間山の森を抜けた時、道をへだてて、もう一つの森が東に迫っていた。もう雨は止み

森あり、丘あり、谷ありの浅間山

かけていたので、さっきほど森の道はこわくなかった。なだらかで、落葉が敷きつめられて、もうすべりはしなかった。森の小道はすぐに終わり、開けた場所に出た。墓石が並んでいる。多摩霊園であった。

死者たちが眠る武蔵野平野に私は出た。もう雨は降っていなかった。

私はゆっくりと墓地を歩いた。ここには私の知っている人も眠っている。その人がもういないことのほのかな哀しみを感じた。墓地ほど〝時〟を思い出させるところはない。

墓石に刻まれた家名を読みながら歩いていった。平井家の墓があった。脇に江戸川乱歩の石碑があった。乱歩の墓に出会うのもなにかの縁であろうか。私は乱歩先生に、ささやかな文運を祈った。そして、なんとなく満足してそこを離れた。

多摩霊園を出た。いくらか明るくなってきた。府中美術館を見て、浅間山に登り、『太平記』の合戦場に立ち、多摩霊園で乱歩先生の墓にも詣でた。これで今日の目的はもう充分なような気がしたが、もう一つだけ、寄ってみたいところがあった。

霊園正門に至るまっすぐな参道を歩く。広い並木道で、墓石をあつかう店がつづいている。私は映画『第三の男』に出てくるウィーンの墓地を思い出した。

もう一つといったが、実は二つであった。地図を見ていたら、この近くに染屋八幡と染屋不動というのがあった。染屋というから染物屋だろうか。染物屋の神様が二つもあるというのは、なにか意味があるのだろうか。ともかく寄ってみることにした。

染屋八幡は甲州街道と浅間山通りの角にあった。うなりを上げて車がひっきりなしに走る甲州街道に面して、こんなに静かな神社があるのが不思議に思えるところであった。染屋不動は、甲州街道を南へ渡ったところにある。ここは上染屋という地名である。『府中市史』によると、染屋は、古い地名であるらしい。由来ははっきりしないが、調布を染める染物師の村だったともいう。染屋は上染屋と下染屋に分かれ、上染屋には八幡社とその別当寺玉蔵院（染屋不動）がある。一四〇五年に、染屋の「一結同心の道俗」が法華経十三部を書写し、命柱一延基を建てたそうである。十三人の染屋が心を一つにして、なにかの願い事をしていたようだ。なにを願っていたかわからないが、染屋の組合が非常に結束が固かった様子が伝わってくる。五百年前、彼らはなにを思っていたのだろうか。一揆でも起こそうとしていたのだろうか。まったくわからないが、歴史の間に沈んでいる人々の思いをちらりとのぞいたようで、一瞬はっとした。

これで、今日見たいものは見た。私はふらふらと京王線の多摩霊園駅に出た。この駅に停まる各駅停車の電車はなかなかこなかった。私はベンチに腰掛けて、靴を脱いだ。足が水でふやけていた。

隣のベンチでは、二人の小さな女の子とお母さんが楽しげに話していた。私はそれをぼんやり聞きながら、今日の散歩をふりかえっていた。古戦場から霊園へ、武蔵野に沈んでいる死者たちの国へと旅をしたことになる。中世の武蔵野、『太平記』の時代という六百年以上も前の時代がここには刻まれていて、そこを歩いていると、その歴史を読んでいるかのような気分になる。

　こんなひどい天気に歩きまわったことを私は残念に思ったが、そうではなかったかもしれない。雨の日だからこそ読むことのできた、見ることのできた〈武蔵野〉があったのではないだろうか。晴れの日は違った〈武蔵野〉が見えたろう。しかし雨の日には、地下的な、埋もれていた〈武蔵野〉を感じることができたのではないだろうか。失われた歴史や時、忘れられた死者について……。

「お母さん、お母さん、電車が来たよ」と女の子が叫んでいる。そんななにげない言葉が、とても意味があるように感じられたりする。私は歴史の闇から、死者の国から、また新しい今にもどってくる。子供たちの若々しい声が、次の時代を呼んでいるのだ。

　電車が来た。座席に座ると、あたたかい空気が私を包み、まどろませる。今日一日、クリストファー・ドレッサーの陶器を見て、土砂降りの浅間山を歩き、乱歩の墓に詣で、かつてこの地に住んでいた染屋の夢のあとを訪ねた。

　この日のことを、そして、この日の旅の終わりに出会った二人の女の子のことを、私はいつか思い出すだろうか。そして誰かにその話をするだろうか。

米や木材を運んだ〝品川道〟

狛江めぐり

調布駅南口からバスで狛江に向かう。途中で私の目的地には行かないことに気づいて、国領七丁目で下りた。このあたりを品川道というそうだ。品川道というのは、府中の大国魂神社から調布、狛江を通り、世田谷、六郷を通って品川の海に出る。ほぼ多摩川に沿っている。

大国魂神社と品川の海がつながっているのにはおどろかされる。この神社の神事のために品川に行って、海で禊ぎをしてくるのだそうだ。また、この品川道は筏道《いかだみち》ともいうが、物資を筏に乗せて多摩川を下り、品川の海まで運んで、帰りは歩いて帰ってくる。その道を筏道という。府中と品川の海を結ぶ道と知ると、興味が湧いてくる。

国領七丁目から東へ向かう三叉路がある。右（南）が多摩川住宅に向かう染地通り、左（北東）がつつじヶ丘方面の品川通り、まん中（東南）の細い道が旧品川道《みち》である。

私は右に折れ、広い染地通りを南へ下った。多摩川住宅の団地がつづいている。ケヤキや、イチョウなどが紅葉してきれいだ。すでに落葉が降るように落ちている。

しばらく歩くと多摩川の土手に出る。このあたりになると多摩川も開けた土地をゆったりと流れ、よく整備されているので、晴れた日の散歩は気持ちがよい。

土手を下っていくと水神前というバス停に出る。実は、ここから散歩をはじめる予定だった。バスの都合で大分手前で下りたので、出発点までにかなり歩いてしまった。ここは調布市から狛江市に入ったところだ。

さて、いよいよ狛江めぐりを始めることにしよう。狛江という地名が興味をそそる。はっきりはしていないが、コマは高麗《こま》からきていて、古代朝鮮の高句麗の人々がここに移住してきたのでコマエ（コマのいる所）となったのではないか、といわれている。この地は古代朝鮮とはどんなつながりを持っているのだろうか。

コマは駒でもある。日本に馬をもたらしたのは、北方騎馬民族であったといわれる。私は今、北方騎馬民族に関心があるので、狛江を歩くのは楽しみであった。

水神前から東へ行けば小田急線狛江駅に出るが、私は多摩川の土手を歩くことにする。広々として気持ちがいい。釣り人がたくさんいる。かつて多くの筏が米や材木を積んでこの川を下っていったのだろう。そして品川で荷を売ってしまうと、その金をふところにして、品川道などをもどってきたのだろうか。

多摩水道橋、小田急線を過ぎてさらに土手を進む。二、三キロ歩いたところで多摩川に別れて北へ入り、六小通りという細い道を進む。狛江第六小学校の脇を過ぎ、水道道路といわれる通りを渡ると、小さな森があり、日枝神社と円住院が並んでいる。特になにもないが、懐かしい気分になる神社と寺である。

水道道路を西へ行けば、さっきの水神前に出る。実は水神前は江戸時代につくられた六郷用水の取水口であり、水道道路は昔の用水路であった。多摩川から取り入れられた水は、今の水道道路を通り、荒玉水道道路へと曲がり、野川に合流し、世田谷を通って、六郷の水田に流されていた。

六郷用水を開発したのは、小杉村の代官小泉次大夫であった。家康の江戸入りとともに駿河からやってきた次大夫は、新田開発を許可され、慶長十四年（一六〇九）、六郷用水を完成させた。取水口には水神が祀られた。彼を記念して、六郷用水は次大夫堀ともいわれた。用水が野川に入る地点に、次大夫公園があるのもそれでわかる。

さて、水道道路を渡ってさらに北へ細い道をくねくねと進むと、また森があり、明静院と岩戸八幡神社が並んでいる。このように寺と神社がペアであるのは、明治に神仏分離が行なわれたからである。江戸時代には神様も仏様も一緒で区別しがたかった。それを強引に分けて、古い資料を消してしまったので、歴史がよくわからなくなってしまった。

八幡神社の前から西へ進むと小田急和泉多摩川駅に出た。駅前に玉泉寺がある。元は河原にあったが、洪水でしばしば流されたので今の地に移ったという。小田原北条氏に縁が深い寺といわれる。

和泉多摩川駅から一駅ではあるが小田急線に乗って狛江駅で下りる。駅のすぐ北に、自然保護林がある。月に何回かしか開かれないので、私は外からのぞいただけであるが、駅の前が森というのは面白い駅である。そばに泉龍寺がある。もともとは駅の前の森も、この寺の境内だったのだろう。

奈良時代に良弁が開いたと伝えられる古い寺で、泉龍寺の名の通り庭に水が湧き、弁天池となっている。このあたりは武蔵野特有のハケといわれる地形で、段丘の岸下から水が湧くので、古くから人が住みついた。今は宅地造成のため、水が湧かなくなってしまった。

泉龍寺から西へ進み、狛江三中を過ぎたところに亀塚古墳跡がある。今は住宅地に埋もれてしまい、家と家の間を抜けたところに石碑があるのみだ。

このあたりには「狛江百塚」といわれるほどたくさんの古墳があったといわれる。古代人が早くから住みつき、開けていたことがうかがえる。渡来人がこの地を開発したのではないか、と想像されるのである。

亀塚古墳は帆立貝式前方後円墳といわれ、六世紀前半につくられたらしい。帆立貝のように前が四角く、後ろがまるく開いているのである。昭和二十六年から発掘調査が行なわれ、鏡、玉、刀などが出た。

鏡は後漢時代につくられた神人歌舞画像鏡で、大阪の古墳でも同じものが見つかっていることから、狛江と畿内との間に交流があったと考えられている。

同じく亀塚から出た金銅毛彫飾板の文様は高句麗古墳のものと似ているので、やはり高句麗と狛江は関係があるのではないかと想像されている。

少し北へ進むと広い通りに出る。福祉会館通りといわれるが、これがはじめに見た、水神前から狛江駅に向かう通りである。狛江をぐるっとまわって、出発点にもどりつつあるわけだ。

この通りに「むいから民家園」というのがあった。泉龍寺のそばにあった荒井家が移築されている。土間のある古い民家で、医者と百姓を兼業でやっていたという。

福祉会館通りを渡って北へ行くと、兜塚古墳がある。こちらは塚が残っている。亀塚のあたりは住宅がぎっしりだが、ここはまだ畑地などがあるせいだろうか。

近くには伊豆美神社がある。長い参道の奥に静かに鎮座している。もとは府中の大国魂神社から分かれたものだそうだ。江戸時代には六所明神といわれていた。井伊家が信仰していたという。小泉次大夫が六郷用水をつくる時、ここに事務所を置いたという。ここからは取水口の水神前もすぐ近い。

伊豆美神社から西へ行ったところ、民家の庭先に「万葉歌碑」が立っている。「玉川碑」ともいう。『万葉集』巻十四にある「たまがわに　さらすてづくり　さらさらに　なにぞこのこの　ここだかなしき」という歌が刻まれている。多摩川で布をさらしている乙女をうたったものだ。多摩川に、手づくりの布をさらさらとさらしている乙女は、どうしてこんなにかわいいのか、という意味だ。布をさらす、さらさらした布に、さらにいとしいが掛けてある。

多摩川のほとりでは、カラムシという植物が多く、古代にはそれで布を織り、調（物で納める税）として納めていた。調布の名の起こりである。カラムシは朝鮮語でマオと呼ばれ、麻の字が当てられていた。麻が多いからこの地方を多麻（多摩）と呼ぶという説もある。カラムシは皮を使い、それで布を織り、水にさらす。繊維が硬いので砧《きぬた》の上でたたいてやわらかくする。キヌタはキヌ（布）をたたく板のことだ。世田谷には砧の地名が残っている。

調布から狛江にかけては、水や布などにまつわる地名が多い。水が豊かで、織物が盛んで、美しい乙女が多いということであろうか。

さて、この「万葉歌碑」は、もとは多摩川のほとりにあったが洪水で失われ、大正に復元されたものだ。最初の碑は、江戸時代後期に立てられた。江戸時代に万葉集が再評価され、ブームになったことがきっかけだろう。地元の文学好きの人々がこの碑を計画した。こうしたことが好きな江戸っ子が集まり碑をつくったお祝いを盛大に開いた。松本幸四郎や、岩井半四郎といった人気役者も駆けつけたというから、たいしたイベントになったわけである。

あまり派手にやったので、ぜいたくを禁止していた幕府の手入れを受け、発起人たちは捕らえられ追放された。たかが歌碑を立てただけでとんでもないことになったのである。万葉の無邪気な歌が罪になるなんて、だれも思わなかっただろう。だが幕府はすでに傾きかけており、人々が勝手に楽しむのさえ、危険な動きと感じていたのであった。

こんなのどかな碑をつくったために、ふるさとを追われた人がいる、私はそんなことを考えながら、ふりだしの水神前にもどってきた。夕方の金色の光が多摩川をきらめかせていた。

こうして狛江をめぐってきて、私はこれまで見えなかった、いろいろなもののつながりについて知ることができた。品川道は府中の大国魂神社と品川の海をつないでいた。六郷用水は狛江と六郷をつないでいた。そして万葉と江戸も多摩川でむすばれている。

そして狛江と高麗《こま》（古代朝鮮）のつながりはどうつながっているのだろうか。それについては今日の散歩だけでははっきりしない。亀塚古墳がちらりとその糸をのぞかせてくれただけだ。それについては、これからもっとその糸をたぐってみたい。

今日は少し歩きすぎたかもしれない。私は多摩川を下った筏乗りのように、痛む足を引きずりつつ、筏道をもどった。しかし今日見つけたもので、ふところはあたたかかった。

新選組のふるさと

調布から野川へ

京王線の西調布駅で下りて、駅前通りを北へ向かう。ちょうど昼なので、駅前の店に入って皿うどんを食べる。野菜が山盛り入っていて、武蔵野らしく素朴で豪快である。店内のテレビのニュースで、NHKの大河ドラマで『新選組』をやるので、地元振興のため調布駅前に新選組の碑が立てられ、今日は除幕式があったと伝えている。

ちょうど、これから新選組のふるさとを歩くところなので、ちょっとおかしくなる。このごろ多摩には、新選組の「誠」の旗がやたらとひるがえっている。多摩という風土と新選組はどんな関係があるのだろうか。武蔵野を歩きながらそんなことを考える。

土方歳三のふるさとである日野は、何度も歩いているので、今日は近藤勇のゆかりの地を訪ねることにした。

西調布駅から北へ進み、中央自動車道のガードをくぐる。左手に調布飛行場がある。このごろ近くに東京スタジアム（今は味の素スタジアム）ができて、サッカーやコンサートがある。アイドルのコンサートの時は若者であふれるが、今日は月曜日で、あたりはのどかな田園である。

やがて野川に出る。武蔵野めぐりをすると、あちこちで合う素朴な川である。野川とは、なんとそのままの、平凡ではあるがやさしい名ではないか。

野川に沿って歩いていく。向かい側に東大馬術場が見える。飛橋を過ぎたところに「しんぐるま」（新車）と呼ばれる水車がゆっくりまわっている。かつて傍の農家峰岸家が使っていたものである。武蔵野農業の名残りで、以前は野川に沿って、いくつもの水車があったという。

次の御狩野橋を渡ると、ほたるの里三鷹村がある。わさび田や湿生花園があって、こんなところに昔の武蔵野が生きていることにおどろかされる。

御狩野橋から西へ行けば、人見街道沿いに龍源寺がある。ここが近藤勇の墓所である。門前に近藤勇の像があり、説明板が立っている。寺の裏の墓地に近藤勇の墓があった。戦いに敗れて捕らえられた近藤は、板橋刑場で処刑された。

処刑され板橋に埋められた近藤の墓が、どうしてこの龍源寺にあるのだろうか。家族が刑場の番人に金をつかませて、死体を盗み出し、ここに埋葬した、といった話も伝わっているが、はっきりしない。ともかく近藤勇は、多摩の地に眠っている。

龍源寺を出て、人見街道を西へ向かうと、都立野川公園の入り口がある。その隣に小さな神社がある。近藤神社といい、ここが近藤勇の生地であるという。「近藤勇産湯の井戸」などというのがある。通りの向かい側には、近藤、土方、沖田総司などが剣道を学んだ「撥雲館」がある。

そこからもどってくる時、二人の女性に、近藤勇の生地はどこですかと聞かれた。家は残っておらず、碑だけなので気づきにくかったのだろう。不思議なのは、墓地のある龍源寺と生地はすぐ近くなのに、互いに知らんふりをしているように見えることだ。それぞれの案内板に、この何メートル先にある、といった説明または地図があってもよい。

私は持ってきた地図を開いて見て、思わずニヤリとした。このあたりは市の境界がものすごく入り組んでいるのだ。その結果、三百メートルぐらいしか離れていないが、龍源寺は三鷹市、生地は調布市に入っている。墓と生地は別の市に入っているので、説明も別々ということになる。

市境、県境といったものは、複雑な歴史を反映している。調布市は、三鷹市と府中市の間に無理矢理身体を入れて、調布飛行場とその北の野川公園に割り込んでいる。野川公園は微妙に調布、三鷹、小金井などの市にまたがっていて、その結果、都立なのである。武蔵野という連続した自然を、人間がさまざまな理由で切り刻んでゆく。

野川公園を抜けていった。野川が育てたこの緑地はすばらしい公園である。よく整備された中央の公園と、はずれの自然林がうまくとけ合っていて、のびのびとした気分になる。

花鳥の姿が絶えない野川の川辺

草原で食事をしている人たち、遊んでいる子どもたちを見ながら、私も一休みした。武蔵野がまだこれだけ残っていることに、うれしくなる。

残念なことに、公園は東八道路で切りさかれている。しかし陸橋で道路を越えると、そこにはもう一つの、よりひなびた自然に近い公園があり、ここでまた野川に出合う。ここは地図によると小金井市に入っている。

野川の左岸（東側）を歩いていく。深い緑におおわれた崖が迫っている。これが武蔵野を歩いているうちに感じることができるようになった武蔵野段丘の崖下、いわゆる〈ハケ〉といわれる地形に沿った〈ハケの道〉である。崖下から水が湧き、それが集まって野川になっている。大岡昇平の『武蔵野夫人』によって〈ハケの道〉は有名になった。

私は〈ハケの道〉が好きでよく歩くのだが、いつも武蔵小金井駅から野川公園の手前まででであった。今日は逆に西調布駅から北上し、近藤勇のふるさとをまわってから、いつもの〈ハケの道〉に出た。小金井水田の碑という石標がある。いつもここで引き返すのである。

それからは見慣れた〈ハケの道〉だ。途中によく寄る旧中村研一美術館（「はけの森美術館」に改称）がある。よき時代の洋画家のアトリエだったところに美術館が建てられている。美術館もいいが、私が好きなのは古いアトリエでコーヒーが飲めることだ。水が湧くハケの斜面を利用した庭がすばらしい。

美術館に着くと閉まっていた。ああそうか、今日は月曜日で、休館であった。もちろんカフェも閉まっていた。ちょっと残念ではあるが、だまって通り過ぎる。

この道を来たのは、いつだったろうか。でも、ほとんど変わっていないことにうれしくなる。キウイのなる〈ハケの道果樹園〉もまだある。古いなじみの人に会うように、見慣れた風景にあいさつをしていく。お元気ですか、お達者で、また会いましょう、さようなら……。

西念寺にぶつかる。右の坂を上ると、武蔵小金井の駅はすぐである。

坂の上で、私はふりかえってみる。今日は、近藤勇が生まれ、青春を過ごした土地を歩いてきた。それは野川に沿った道であった。近藤も野川のほとりを歩きまわったろう。崖下のハケの道をどんなふうに思っていただろうか。

近藤勇は天保五年（一八三四）、多摩郡上石原村（調布市上石原）の豪農宮川久太郎の三男として生まれた。宮川勝太が本名である。鈴木亨『新選組百話』（中公文庫）によると、この生家は、昭和十八年、調布飛行場をつくるのにじゃまなので取り壊されてしまった。

この当時、多摩の農民たちの間で剣術を習うのがはやったという。宮川久太郎も、自分の家に道場をつくって稽古をし、天然理心流の近藤周助を招いて教えてもらっていた。久太郎の息子たちも習ったが、三男の勝太が腕がよかったので、周助が養子にもらい、近藤勇を名乗らせ、天然理心流を継がせた。文久元年八月二十七日、武蔵総社六所宮（大国魂神社）で天然理心流四代目襲名の野試合を行なった。

この神社は日野駅の近くにあり日野宿の名主佐藤彦五郎の邸あとがある。佐藤もここに道場を持っていた。近藤と土方は、ここで親しくなったという。ここは今、ソバ屋になっていて、土間のある民家で、なかなかうまいソバを食わせる。

近藤の天然理心流に、土方や沖田が入ってくる。豪農の息子たちが多かった。なぜ多摩の若者たちは武術をやりたがったのだろう。武蔵野で農業をしていた彼らは、夜になるとひまを持てあましていたのかもしれない。

近藤や土方は、中央に出て名を上げたいという野心を持っていた。しかし江戸では田舎道場として評価されなかった。幕府のつくった講武所は、地方の実力のある剣士を採用しなかった。田舎道場主の近藤の無念がわかるような気がする。このまま多摩で朽ちてもいいのか。せっかく土方や沖田といった才能ある弟子を育てても、彼らにふさわしい就職先を探してやることもできない。

その時、京都を守る浪士隊を幕府が募集しているのを聞いた。今度は京都で一旗上げることにした。しかし衰えた幕府は彼らだけで支えられるものではなく、鳥羽伏見の戦いに敗れ、近藤たちは甲州で戦い、ついに江戸に逃れたが捕らえられ、処刑された。まだ三十五歳である。若いなあ、と思う。激動の時代には人が生き急ぐのかもしれない。

野川が悠々と流れ、平野は広くのび、ハケの道にかかる緑は濃く涼しげである。この地を近藤勇が歩いていったのだった。このあたりで彼は無敵である。だが、ここで強いといってもだれが認めてくれるのだ。広い世界に出て、本当の戦いの中で自分の強さを試してみたい、近藤はそう思って京都に出ていったのだろう。彼は多くの若者を連れていき、その多くはこのふるさとにもどってこれなかった。土方歳三は北海道まで行って死ななければならなかった。

近藤は京都で敗れ、落ちていった時、この野川にもどりたいと思っただろうか。やっぱり、そのまま野川のほとりにいるわけにはいかないと思ったろうか。

あまりにのどかな公園をめぐり、昼下がりのハケの道を行きながら、多摩に生まれ、この野山を駆けめぐっていた若者が、ここを出ていかなければならなかったこと、その志を果たすことができず、多摩に帰ることができなかった若者たちのことを思った。

武蔵小金井駅に近づいた時、「誠」の旗が揺れているのを見た。新選組は、だれに「誠」をつくしたのだろうか。幕府か、宮廷か、その「誠」はむくわれただろうか。

だが、こんな田舎剣士の群、新しい世にはなんの役にも立たなかった若者をなぜか私たちは好きなのだ。幕末、維新の大物のだれよりも、近藤、土方、沖田の名は知られている。歴史とは不思議なものだ。徳川将軍の墓よりも、近藤勇の墓を私は訪ね、今、坂道をゆっくり歩いている。

『武蔵野夫人』　大岡昇平

戦後文学の古典であるが、『武蔵野夫人』とは不思議な題である。武蔵野のような風情を持った夫人ということなのだろうか。大岡昇平は、レイモン・ラディゲの『ドルジェル伯の舞踏会』のようなフランス的な心理小説を書こうとしていたといわれる。ドルジェル伯夫人に対して武蔵野夫人なのである。

この名前のつけ方で、この小説はラディゲの作品とは違っていたことがわかる。ドルジェル伯は人の名（または家柄）であるが、武蔵野は土地の名である。大岡は地理学のように土地の空間を精密に織り上げる。〈武蔵野夫人〉は土地の精霊としても読めるのではないだろうか。

そのように読めば、この小説はすばらしい武蔵野論として姿をあらわすのだ。文庫版には〈『武蔵野夫人』小説地図〉が入っている。北の青梅から青梅線が立川に達し、立川から中央線が走り、国分寺と武蔵小金井の間に〝はけ〟という場所がある。ここが小説の主な舞台である。〝はけ〟は武蔵野の段丘の下で、青梅から流れる地下水がここに出てくる。〝はけ〟は〝はけ口〟のはけである。

この小説の第一章は「『はけ』の人々」で、〝はけ〟という地形のすばらしい文章がある。文庫本の解説で神西 清は、この小説をフランス的心理小説として読んでいくのだが、やがてそれでは説明しきれなくなり、ついに最後には、この小説のもう一人の主人公は〈自然〉ではないかと言ってしまう。

「いわゆる『はけ』を中心とする壮大な武蔵野の自然が、ほとんど地質学的な尊厳さとほとんど歔欷《きょき》に似た哀愁とをもって文学の中に登場したのは、この作がおそらくはじめてでしょう。」と神西 清は言っている。

ラディゲよりはマルセル・プルーストの小説に近いかもしれない。小説というより〈武蔵野〉論なのだ。

（新潮社　一九五三年）

師走の妙法寺参り

杉並堀之内

あと今年も数日というせわしない時に、私はふと堀之内の妙法寺にお参りすることにした。かねてから一度、行ってみたいと思っていたが、なかなか機会がなかった。思いたったが吉日と、年の瀬に借金取りを逃がれるかのように、新宿から地下鉄丸の内線は東高円寺駅に下りた。

駅前に青梅街道が通っている。江戸時代には新宿から青梅街道を通って、妙法寺に参詣する人が多かったようだ。もっとも妙法寺参りには裏の目的もあったらしい。帰りに新宿の遊女屋で遊んでいくのである。なかには、まったくお参りもせず、妙法寺に行くと称して遊びに行く連中も多かったという。だから、堀之内にお参りに行くというと、江戸の人たちはニヤリとしたそうだ。それをからかった江戸川柳がいっぱいある。

私も、そんな江戸の話から妙法寺に興味を持ったのだが、肝心のお寺には行ったことがなかった。

東高円寺駅前に、蚕糸の森公園がある。不思議な名前だが、明治四十四年（一九一一）につくられた蚕糸試験場が昭和五十四年（一九七九）、筑波学園都市に移り、その跡地を公園にしたものである。

このあたりは江戸市民が食べる野菜をつくっていて、野菜を市内に運び、帰りに、肥料にする糞尿（下肥）を積んで帰ってきた。青梅街道は、一名、〝おわい街道〟などとも呼ばれた。

明治になると、江戸市内から多くの寺が移ってきて、妙法寺を中心とする寺町となった。蚕糸の森公園の角、青梅街道に面したところに灯籠が立っている。ここから妙法寺への参道であるが、そこに行く前に、公園の南東にある二つの寺に寄ることにする。

まず常仙寺がある。曹洞宗で、慶長七年（一六〇二）に江戸麹町に開かれたというから、江戸開府以来の古い寺だ。本尊は薬師如来で、寅薬師と呼ばれている。元は愛知の鳳来寺山のふもとにあったが、存吉《そんきつ》という人が狼に襲われた時、虎になって助けてくれたそうである。存吉はこの虎薬師を江戸に呼び、寺を開いた。家康が江戸に出たのについてきたようだ。明治四十一年（一九〇八）この地に移った。

近くに長延寺がある。これも曹洞宗で、文禄三年（一五九四）に市ヶ谷に開かれ、明治四十二年、ここに移った。常仙寺などと一緒に引越してきたのである。

この寺の入り口では、見事な毛並みのシャム猫が出迎えてくれて、ゆったりと私にあいさつしてくれた。門を入った左に、二体の地蔵がある。「ぼたもち地蔵」と呼ばれ、市ヶ谷にいた時、門前の桶屋の長七が、妻の乳の出がよくなるように祈ると、ぼたもちをくれたそうだ。それを食べると乳が出て、子どもがよく育ったという。禅寺というと固苦しい感じがするが、江戸庶民に親しまれた寺だったようだ。

二つの寺を見てから蚕糸の森公園にもどる。公園の中を抜けていくと、いそがしい暮に取り残された老人たちがのどかに池の水鳥などを眺めている。公園の角の灯籠から、妙法寺の参道に入る。

途中に蓮光寺がある。こちらは日蓮宗であるが、長延寺と同じ文禄三年、両国に開かれた。やがて浅草に移り、大正四年（一九一五）ここに移った。ここには、日蓮が母妙蓮尼のためにつくったという大黒天がある。これには面白い話がある。この大黒天は千葉の小湊の庄屋の家に伝えられていたが、ある時なくなってしまった。日宝上人が小湊に行った時、その庄屋の娘が難産だったので、祈祷して救ってやった。その時、床柱が光り、そこから大黒天が見つかった。日宝はそれを持って江戸に出て、この寺を開いたという。

浅草時代には、蓮光寺は新寺町にあり、「土富店《どぶだな》の大黒天」として親しまれたという。

ところで、私はこのところ大黒天に興味を持っている。大黒天はインドから来たが、日本の神話の大国主命と結びつけられている。もちろん富の神とされるが、足の神でもあるのだ。

蓮光寺を過ぎると環七通りに出る。これを渡ると、いよいよ妙法寺である。門前に至る道には屋台店が並んでいて楽しい。つけもの、つくだに、だんご、衣類などの店が出され、おじいさん、おばあさんが群れている。カレンダーの店もある。「来年のかい？」などと聞いている。「おいしいよ」と、たくわんを売っているおばあさんがいう。お茶を売っている、まだ小学生のような少年のりりしさに私は見とれてしまう。

いよいよ妙法寺である。「堀之内やくよけ祖師」として親しまれてきた。「おそつさま」（お祖師さま）というそうだ。まわりの、江戸市内から引越してきた寺とちがって、はじめからここにある。堀之内の生えぬきの寺である。はじめは日円という尼さんの庵だったそうだ。その子の日逕《にっけい》が母のために元和年間（一六二〇年ごろ）に妙法寺を開いた。

碑文谷の法華寺の末寺であったが、元禄五年（一六九二）法華寺が住職日附が破戒の罪で八丈島に流され、天台宗に改宗させられたので、法華寺に伝わる日蓮像が妙法寺に移されたのである。この日蓮像が「厄除祖師」（おそつさま）といわれるのは、弟子日朗が伊豆に流された日蓮をしのんで刻んだもので、日蓮が許されてもどったのは、厄年の四十二の時だったからという。

そんな伝説から、この像は、厄よけとして人気を集め、浅草観音と並ぶほどにぎわったそうだ。なるほど、杉並の浅草といった庶民的な気分があふれている。今はいくらかさびれているが、かえって懐かしい。

仁王門をくぐると大きな祖師堂がある。堂内に入ると、金色のまばゆい祭壇があり、祈祷が行なわれていた。そこで「お楽しみ妙法寺めぐり」というパンフレットをもらう。

祖師堂のうしろに本堂がある。その右手に二十三夜堂と浄行堂がある。江戸の民間信仰がそのまま伝わっていて楽しい。二十三日の夜、月待をしつつ願い事をすると叶うという。「なで石」をなでると、財運、縁結びにいいそうだ。みんな一生けん命なでている。

隣の浄行さまは裸の石仏で、それをたわしで洗う。病気が治るといわれる。みんながごしごし洗っている。病気や災厄を洗い流し、福運を得ようとする人々の思いが、切ないほど感じられて、私はしんみりした。

本堂の左には日朝堂がある。日朝上人は、勉強し過ぎて眼を患った。そのため、勉強と眼の神になった。受験の合格祈願の人たちでにぎわう。物書きである私にも縁が深いので、私もお祈りする。

その隣に有吉佐和子の碑がある。どんな縁か不思議に思うが、この近くの松ノ木に住んでいたという。『複合汚染』で公害、『恍惚の人』で老人問題をあつかっている。『恍惚の人』では松ノ木敬老会館を舞台とし、六年間も取材をして書いたという。クリスチャンであったが、妙法寺が好きであったといい、その縁で、ここに碑が建てられた。病いや、老いへの癒しの聖地にふさわしいのかもしれない。

妙法寺の境内を歩いていると、江戸の人たちが厄よけを求めてここにお参りした気持ちがわかるような気がする。たわしで石仏をこすり、病いをはらおうとするのを、馬鹿馬鹿しいとはいえなくなってくる。私もいささかぎこちなく、たわしを持ってごしごしやってみた。今年の垢が落ちますように、新しい年を健康で迎えられますように、私は祈ってみる。今さら、祈ってもおそいのかもしれないが、ともかく一年の終わりにここにお参りしたのである。

妙法寺を出て、環七通りにもどる。東側に福相寺がある。ここも日蓮宗で、三つの米俵に鼠が乗った石像が、福、寿と一対ある。願満大黒天が祀られている。小石川にあった寺で昭和十二年に移ってきた。

その少し北が宗延寺で、ここも日蓮宗。「読経の祖師」像がある。お経を読んでいる日蓮像で、声の神様であるから、歌舞伎役者などの信仰を集めたという。なるほど。

隣は真盛寺。大きくて立派な寺だ。天台宗である。湯島にあったが、大正にここに移った。越後屋三井家の菩提寺であった。開基の真観上人は伊賀の人で、伊勢で出家しており、三井家のふるさとに関係があったからだろう。門前に木遣塚がある。江戸普請の時に歌われた木遣りを鳶職和泉会が伝えている。大工や鳶職などに関連がある寺らしい。

妙法寺のある堀之内から西の松ノ木、梅里の地区には江戸市内から移ってきた十ほどの寺が新しい寺町を形成している。それぞれに歴史を持っていて面白い。

本仏寺は日蓮宗で、かつて谷中にあり、本所に移り、「本所の子育て鬼子母神」といわれ、入谷、雑司ヶ谷とともに、関東三大鬼子母神としてにぎわった。

修行寺、西方寺、清徳寺とめぐる。慶安寺は下谷池之端にあったという。上野の山の紅葉がよく見えたので紅葉寺ともいわれ、また秋葉権現を祀っていたので、秋葉寺ともいわれた。火伏せの神であった。

心月院、大法寺、円福寺別院、華徳院とめぐり、五日市街道に出る。華徳院はかつて蔵前にあり、「蔵前の閻魔堂」といわれた。

青梅街道に出て、清見寺に寄った。馬橋の灸寺といわれる。貧しい寺で、住職は畑をつくったり、新宿まで托鉢に歩きまわらなければならなかった。歩く人、旅人たちのための寺であり、灸をすえて足を治したのだろうか。

私はそのまま青梅街道を歩いて、荻窪に出た。ずいぶんいろいろな寺をめぐった。それぞれにユニークな歴史を持っていた。面白かったのは、浅草、上野、市ヶ谷など江戸市内でにぎわい、その歴史を持って、郊外にやってきていることだ。それぞれの寺の文化が歩きまわり、思いがけないつながりをもたらしている。そして武蔵野の地に江戸文化の小さな種をまいているのだ。寺もまた歩くわけである。それを追って人々も移動する。

武蔵野には、江戸市内から引越してきた寺がたくさんある。それをめぐってみた。

豊かな自然に囲まれた

三鷹天文台と、深大寺

中央線の武蔵境駅で下りる。私は駅前に緑が迫っているこの駅が好きだ。南口に観音禅院といういい寺がある。この寺を囲む樹木が涼しい陰を落としている。その南には果樹園がある。駅前に果樹園というのも風流ではないか。

もっとも、実は話は逆なのかもしれない。つまり、寺や果樹園のある地区に、駅や町が迫ってきたのかもしれない。また、地図を見ると、武蔵境の名の通り、入り組んだ境界の町である。ここは武蔵野市である。東隣の三鷹駅はもちろん三鷹市である。西隣の東小金井駅は小金井市だ。武蔵野市は三鷹市と小金井市の間に北の方から割って入って、小さなクサビを打ち込んだように見える。そのクサビが武蔵境駅で、南は三鷹市になっている。

なぜ、こんな複雑な境界になったのだろう。いろいろないきさつの結果なのだろうか、いつもなにげなく通り過ぎる町も、町名や町の形を考えてみると、途端に不思議なことになる。

今日は、武蔵境駅から南へ下っていって、京王線の調布駅まで歩いてみたい。途中、三鷹天文台と深大寺に寄るつもりである。

駅前からまず観音禅院に寄る。立派な楼門があるのだが、その参道が駅前広場などに占められてしまったので、横の方から入るようになっている。すぐ外は車が激しい大通りなのだが、境内は静かで、真夏の暑い日でも、ほっとする緑陰を与えてくれる。

寺を出て少し西へ進み、ちょっと古びた商店街を抜けていく。たまに来る古本屋があるので、やはりのぞいてみる。見慣れた本の棚はあまり変わってはいない。本屋の先で左折し、南へ向かう。やがて三鷹からくる連雀通りを渡る。ここから南は三鷹市である。

私が南下しているのは天文台通りといい、まっすぐ天文台へ向かっている。真夏の日がじりじりと照りつけ、汗が流れるが、それでも、こうやって武蔵野を歩いて行けるのはうれしいことだ。のどがかわいた。なにを飲もうか。自動販売機で買うか、それとも、あそこのコンビニで買うか、とあれこれ迷うのも散歩の楽しみだ。結局、コンビニで牛乳を買って飲む。なんだか元気がついたような気がして、また炎天下を歩き出す。

西野という交叉点で西へ入る。山中通りという道である。やがて学園通りという広い通りに出る。国際基督教大（ICU）、東京神学大、ルーテル学院大などが並んでいる。私は、ここにある中近東文化センターを見たいと思って寄ってみたのである。出光美術館蔵の古代オリエント・エジプトの美術品が見られると聞いている。それを鑑賞して、また、庭を見ながらセルフサービスの紅茶を飲んで一休みする、という散歩コースを考えていたのである。

しかし、残念なことに貼紙があり、このセンターは当分の間、閉めるとあった。美術館の予算が足りないのだろうか、このところ、あちこちの美術館が閉じてしまうのは哀しいことである。

せっかく来たので、大学の構内を歩いてみたいと思った。野川の東岸に広がる国際基督教大学の敷地は、三鷹でも最も武蔵野の自然をとどめているところだ。公園ではなく、大学のキャンパスであるから、勝手に入ってはいけないらしい。裏口には、関係者以外は入るな、とあった。しかし近所のおばさんが入っていくので、聞いてみると、通り抜けならいいんじゃないか、とのことであった。

武蔵野研究のためである、といった勝手な理屈をつけて、私も通り抜けさせていただくことにした。夏休みなので、誰もいなかった。林の中をゆるやかに蛇行する道を抜けていきながら、これほどの武蔵野が、ここに大学がつくられたおかげで、保存されていることにおどろかされた。そしてそれを今日、私は見ることができた。真夏の日に汗をかきながら出かけてこなかったら、武蔵野に出合うことはなかったのだ。だれもいない大学の森にありがとうといって、南東の隅にある裏門を出た。

目の前は広い東八道路である。東へ少しもどると、また天文台通りに出る。さらに南へ進むと、西側に国立天文台の敷地が広がっている。この天文台は東大の研究機関として明治の初めに麻布につくられた。しかし大正になると都心では家が建てこみ、空気も悪いので、郊外の星がきれいに見える地へ移ることになった。大正十三年(一九二四)に建物ができて移ってきたという。

当時は、野川の東岸で、雑木林におおわれた豊かな自然の中に天文台があったのである。今よりもっと広かったらしいが、野川の西岸に調布飛行場ができて、敷地の一部を削られたという。

天文台のおかげで、広い武蔵野の自然が残された。大学のキャンパスと同じく、天文台であって公園ではないから、ここも勝手に入っていいのかどうか微妙である。裏口の方から入ると、特にとがめられもしないので、私はさりげなく、関係者のような、そうでないような足どりでぶらぶらする。真夏の日中であり、ちょうどお盆であるから、人影はほとんどない。天文台も昼寝をしているようだ。こんな時、歩きまわっているのは少しおかしい(私自身であるが)。

天文台の金色のドームが森の中で輝いている。エキゾチックな風景である。できた時は、武蔵野の中に宇宙からの円盤が降りたかのような不思議な眺めだったのではないだろうか。

すっかり天文台の武蔵野を堪能してから、堂々と(?)正門から出た。もっとはじめにここの受付でことわれば、構内の見学はさせてくれるらしい。

天文台を出て、細い道を東へ抜けていくとバス通りに出る。武蔵境通りで、向かい側に神代植物公園がある。入園料を払って、花や木を見てまわる。暑い日差しに花も縮んでいるが、大温室に入ると熱帯の花々が鮮やかに咲き誇っている。その前には、西洋庭園がまっすぐなパースペクティヴを見せ、さまざまなバラに刺繍されている。

夏の花は、ノウゼンカズラ、スイレン、ダリア、サルスベリである。冬の花の園は静かに眠っている。二月の花であるフクジュソウ園があった。今は土だけであるが、説明板で、ほう、洋名をアドニスというのか、と思った。美少年の花、青春の花なのである。来年の初春まで眠っている。

広場では大河ドラマ『新選組』にちなんだイベントが開かれている。植物園のすぐ西のあたりが近藤勇の生地なのである。

植物園を出ると、深大寺の境内である。お寺はあっさり通り抜けて、門前のソバ屋に入る。もりソバとゴマ豆腐を食べる。昼をかなり過ぎているので空腹であった。冷たいソバがおいしかった。お寺の門前はたいていソバ屋がつきものだ。先日、北陸の永平寺に行ってきたが、やはりソバとゴマ豆腐を食べたことを思い出した。ソバはぶっかけソバであったが、江戸っ子の私には、汁につけて食べるもりソバの方がうまいような気がした。

深大寺ソバは元禄の頃から知られていた、というからずいぶん古くからある。もっともはじめは寺の坊さんが打っていたらしい。地元では家で打って自分で食べていたのだろう。

江戸も後期になると、物見遊山が盛んになり、名物のうまいものガイドなどが書かれ、深大寺にもわざわざソバを食いにやってくる通人が現われる。

それでも門前にソバ屋ができるのは幕末になってかららしい。今もある「嶋田家」は草分けの一つである。はじめは二、三軒であった。今のように、何十軒ものソバ屋がひしめくようになったのは、一九六一年に神代植物園ができてから、というから近年のにぎわいなのである。

深大寺はどんな寺なのだろう。私は帰りに調布図書館で、『深大寺開創千二百五十年記念』(深大寺 一九八三) を読んだ。深大寺は深沙《じんじゃ》大王という鬼神に由来するという。

満功上人が天平五年 (七三三) に深大寺を建てたという。満功の父は渡来人であったようで、武蔵野に移ってきた高麗人の一人であったろうか。このあたりは、コマという地名が多いのである。

深沙大王は水神であり、竜神のようで、神とも仏とも分けられないのだが、平安時代になると、深大寺は天台宗の寺となった。室町時代には小田原北条氏の保護を受けたが、江戸時代には徳川家の保護を受け、将軍にソバを献上していた。

江戸時代には、元三大師信仰が盛んとなり、深大寺では大師講が行なわれ、その日に門前に市が立ち、民衆的な信仰が発達した。つまり、貴族や武士の保護を受けるだけでなく、江戸庶民の寺になったわけである。深大寺の元三大師が江戸の町に出開帳して人気を集めた。

深大寺は深沙大王という水の神を起源とする。すぐ南を流れる野川に向かっての武蔵野台地の崖の斜面に建てられているのである。その南の崖の斜面に水が湧き、池となり、野川へ流れこむ。そこに深大寺がある。

国際基督教大学、天文台、そして神代植物園はひとつづきの台地である。それを今日はたどってきて、深大寺の斜面を下り、その湧水で冷やしたソバを食べた。

深大寺から水生植物園をめぐり、三鷹通りを下り、佐須街道沿いの虎狛神社の巨大クロマツを見た。満功上人の祖父母を祀った社という。それから野川を渡り、布多天神社を抜けて調布に出た。

大陸からやってきた人たちが水辺に住みつき、自然と文化を育てながら〈武蔵野〉をつくっていった歴史をちらりと見たような気がした。暑さと、のどの渇きで頭がぼんやりしてきたので、セルフ・サービスのコーヒー店に入った。コーヒーと、小さなドーナツを注文した。熱いコーヒーが身体にしみ込んでいって、渇きを潤おしてくれるように思えた。

武蔵野文庫

『武蔵野──ある武家の末裔と漂泊民たち』　根岸　進

　これは、ちょっと異色の歴史小説である。舞台は北武蔵で秩父の方である。源平合戦に出てくる熊谷直実の子孫がこの地に住んだといわれる。また川沿いに、日本のジプシーといわれる漂流民が戦後までいたといわれる。この地で結婚した著者は、漂流民について見聞し、平家落武者伝説と組み合わせて小説を書いたのである。

　小説として、またテーマの漂流民についてはいろいろ問題があり、とても論じきれないが、ディテールの武蔵野の描写が興味深いので拾い読みしている。

「秩父山地をみなもととする月川がこの村に入ると、比企台地の断層に突きあたり大きくL字状に流れの向きをかえる。その断層は高いところは三十米もあった。月川も古い地質時代には、この崖のすぐ下を流れていたのであるが、水で運ばれてくるたくさんの土砂が堆積して、崖下より幅百米にわたり、そこから下流にかけて長さ数キロにおよぶ元月川といわれる堆積層の平地がいつの間にかできあがっていた。この旧河床の平地には今なお長慶寺淵と呼ばれる淵が残っていて、古い月川のありし日の姿を今にとどめている。この断崖下の月川河床に川筋の人達といわれる漂泊民の集落があった。」

　都市化、再開発の波で武蔵野は大きく変わってしまった。私が若かった頃、母がセリを摘んできて茹でて食べさせてくれた。店で買うホウレンソウよりずっとおいしかった。母も亡くなり、セリも見かけなくなった。

　この本は、そんな古い武蔵野を思い出させてくれるので、風景や、古い風俗について書いてあるところをとびとびに読んでいる。

　著者によると東上線での通勤の時にノートに書いたという。そのころ電車は空いていたのだろうか。

（武蔵野書房　一九六七年）

蘇る江戸の暮らし

吉祥寺ぶらぶら

先日、吉祥寺のあたりを散歩して、武蔵野中央図書館に寄った。その時、走り読みをしただけだったが、その後、疑問点が出てきたので、あらためて調べに行った。

吉祥寺駅の北に出る。商店街が密集している。サン・ロードを抜けて五日市街道に出る。このあたりには四軒寺といって、四つの寺が集っている。サン・ロードのにぎわいから一歩入ると、静かで、古びた空間があるのだが、だれも気づかない。

吉祥寺は〝ジョージ〟と呼ばれる若者の街だとされていて、このあたりを歴史散歩しようなどと考える私の方がおかしいのかもしれない。だが、このファッション・タウンの下に江戸の町がかくれているのだ。たとえば、ほとんど気づかれないが、吉祥寺の町は、縦横の罫線によって、きちんと短冊状に区切られていて、曲がりくねった路地がほとんどない。

つまり、京都やニューヨークのように、碁盤の目になっている。自然にできたのでなく、最初から計画されてつくられた町なのである。江戸時代につくられた郊外の分譲団地のはしりといえるのだ。

先日は、五日市街道を渡ってさらに北へ進み、成蹊大学のキャンパスを抜け、陸上競技場を経て図書館に寄り、武蔵野中央公園から南へ向かって、武蔵境駅まで歩いた。図書館ではあまり時間がなかったので、じっくり調べることができなかった。帰ってきてから気になってきたのは、吉祥寺の起源である。〝吉祥寺〟といいながら、この町には吉祥寺という寺はない。吉祥寺は駒込にある。走り読みによると、吉祥寺は、元は水道橋のあたりにあり、明暦の大火で焼けた。そして寺は駒込に移され、その門前町の人々は今の吉祥寺町に移され、吉祥寺新田といった。

明暦の大火というと明暦三年（一六五七）の一月に起きた。十万人が死んだといわれる大火で、〝振袖火事〟という別名がある。ここで私はうっかりして、八百屋お七を思い浮かべた。つまり、吉祥寺と振袖火事と八百屋お七が一緒になってしまったのである。

しかし帰ってきて調べると、八百屋お七の火事は天和二年（一六八二）だから、まったく別である。だが、なぜ、吉祥寺とお七を結びつけてしまったのだろう。しかし、それは無理のないことで、駒込吉祥寺に行くと、「お七吉三比翼塚」がちゃんとある。お七が吉祥寺の寺小姓吉三との恋に狂い、放火をしたといった話が伝わっている。そして、寺小姓の吉三は振袖を着ており、その身代りの振袖に火がついて火事になったのが振袖火事だ、などと私は思っていたのであった。

しかし、明暦の大火とお七の火事はちがうようなので、あらためて調べてみたいと思った。明田鉄男『近世事件史年表』（雄山閣　一九九三）によると、お七は駒込追分願行寺門前町八百屋太郎兵衛の娘である。火事で焼け出された時、小石川円乗寺に身を寄せ、そこの寺侍に恋をし、もう一度会いたいと、放火をして捕らえられ、天和三年、処刑にされた。十六歳であったことが話題になった。

一方、振袖火事の方は、明暦三年、本郷丸山本妙寺から出火した。若死した娘の回向のため、蓮色の振袖を焼いたところ、その火が飛んで火事となったので振袖火事となったといわれる。どちらの話も吉祥寺には関係がない。

お七が吉祥寺と結びついたのは、井原西鶴が『好色五人女』で取りあげてからである。貞享元年（一六八四）という、お七の事件の翌年にこの事件を取りあげたため、さしさわりがあったのか、西鶴は、寺を吉祥寺とし、お七の恋人を吉三にした。それ以来、お七吉三の物語はくりかえし、芝居や物語に取りあげられるようになったが、事実とフィクションが入り混り、吉祥寺と結びつけられるようになった。

これで吉祥寺と八百屋お七は別であることがわかったが、明暦の大火、振袖火事とも吉祥寺は別であるらしい。

『近世事件史年表』によると、明暦三年、丸山本妙寺から出火し、大火となった。これが明暦の大火であり、振袖火事である。しかし、その次の年、明暦四年一月に、吉祥寺から出火し、再び大火事になった。これが吉祥寺火事といわれ、吉祥寺が駒込に移され、その門前町が郊外の吉祥寺新田に移されたのは、これをきっかけとしているらしいのだ。

私はそれを確かめに、あらためて吉祥寺に出かけた。先日のように、五日市街道の北へは行かず、街道を西へ進んだ。成蹊大学の正門を過ぎ、成蹊通りを渡る。美しい並木がづいているのが見える。やがて右手に図書館の建物が見える。二度目なので、まっすぐ三階の郷土資料の部屋に向かう。

まず藤原音松『武蔵野史』（武蔵野市役所　一九四八）を読む。

「明暦四年正月の火事は昨明暦三年正月十八日（本郷五丁目裏の本妙寺から出火）の大火に次ぐ程の大火事で、神田区の大部分を焼き払って、鎌倉河岸から銀町、石町、本町、日本橋に出て、遂に京橋、新橋、霊岸島、八丁堀、鉄砲洲等を焼き、東は馬喰町迄延焼した。火元は本郷六丁目で、吉祥寺はいの一番に類焼したから世に之を吉祥寺火事といふ。災後、官は吉祥寺を駒込に移し、門前町人を無礼野に移して土地を開墾させた。かうしてできたのが吉祥寺村である。」

『新編武蔵風土記稿』には、江戸駒込吉祥寺村の住民たちがこの地に移って切り開いた、とあるが、これはまちがいで、神田水道橋の住民が移ってきたのである。吉祥寺の起源については古くから、あまりはっきりしていなかったらしい。それで、フィクションであるお七吉三の物語が歴史にまぎれこんでしまった。

八百屋お七の話は江戸っ子の人気を集め、何度も芝居になった。恋に死ぬ女、そして火事というのが劇的な想像を刺激するのだろうか。面白いのは、吉三も人気があり、やがて、そのキャラクターが三つに分かれて、お坊吉三、和尚吉三、お嬢吉三という「三人吉三」の芝居ができることだ。お坊吉三は浪人、和尚吉三は吉祥院の所化（下級僧）、お嬢吉三は八百屋の息子だが、お七という女の子として育てられた旅役者である。

八百屋お七と名乗り、女装して、振袖姿のお嬢吉三、吉祥院の小坊主上がりの和尚吉三などが活躍する「三人吉三廓初買」は歌舞伎で大ヒットし、幕末までに、吉祥寺と八百屋お七、明暦の大火、振袖などが結びつけられてしまった。

吉祥寺の悪名が上がる一方、吉祥寺村の方は順調に発達していった。ここは平等村といわれるように、平等に区分された短冊形の土地が均等に与えられた団地であった。あまり気づかれないが、見事に碁盤の目になった町で、吉祥寺町となった時、五日市街道と吉祥寺道という直交軸によって四分され、吉祥寺東町、吉祥寺南町、吉祥寺北町、吉祥寺本町になっている。

この町を東西に貫ぬいている五日市街道は、かつて青梅街道市街道、江戸往還といわれ、幕末には小金井街道と呼ばれたという。桜並木がつづいていたのだろうか。

こんなことを調べたところで、図書館を出た。五日市街道を少し西へ行くと、すぐに武蔵野中央の交叉点に出る。北からの中央通りと南からの三鷹通りがここでつながっている。

しかし、まっすぐはつながらず、少しずれているのが面白い。五日市街道の北と南は別々に検地そして分割したので、ここでずれてしまったのだろうか。

中央通りは五日市街道にぶつかって東へ折れ、十メートルぐらい先で南へ折れて三鷹通りに入る。この不思議な折れ曲がりのところに「サンマルク」というベーカリー・レストランがある。この前、ここで買ったパンがおいしかったので、また寄ることにする。二階はレストランで入りたかったが、混んでいたので、あきらめて下でパンを買い、それをかじりながら三鷹通りを歩いた。銀杏《いちょう》並木がつづく。この通りの西側は西久保という町である。

高橋源一郎『武蔵野歴史地理』（有峰書房 一九七二）によると、西久保というのも江戸の火事で移ってきた人々の村であるらしい。慶安三年（一六五〇）四月に、芝西久保城町に火事があり、この町の人が焼き出され、仮小屋で暮らしていたが、寛文元年（一六六一）、この地を与えられて移ってきたという。やはり平等村として、同じ広さの土地を分けられた。しかし、それから三十年ぐらいたった元禄時代の調査によると、それぞれの家の運のちがいだろうか、半分売ってしまったり、まわりを買い占めたりして、等分だったはずの土地にかなりの不平等が出ていたという。家の盛衰がはっきりと示されていたのであった。

冬の晴れた日、からっ風に吹かれながら、私は三鷹通りを歩いていた。広い道に出る。井ノ頭通りである。それを東へ行けば、吉祥寺駅に行くが、私はそのまま南へ進んで、三鷹駅に出ることにする。すぐに道は二叉に分かれる。私は三鷹通りに別れ、左手の道に入るとまもなく見覚えのある三鷹駅北口の広場に着いた。ここに来た時には寄ることにしている古本屋をのぞく。

武蔵野についての本を探すが、珍らしいものがなかったので、まったく関係のない文庫本を買って、店を出た。吉祥寺から三鷹までの短い散歩だったけれど、図書館で、吉祥寺の起源へのはるかな旅をした。それは明暦の火事をきっかけとした長い物語で、水道橋から吉祥寺までの移住の歴史だった。今は、中央線で結ばれていて、数十分で移動できるが、当時は、江戸の町から随分きてしまったと思われたろう。

そして八百屋お七から女装の盗賊お嬢吉三までのロマンスが吉祥寺に結びつけられ、伝説と実話、歴史の虚と実がいつの間にか転倒していくような時の流れを、いくらかたどることができた。

武蔵野と江戸が見えない糸でつながっていることを知り、その思いがけない糸に触れることができた。私には吉祥寺が少し見えてきた気がした。

『点描 武蔵野』 住谷磐根

この本を見た時、あれ、と思った。住谷磐根というと、あの画家であろうか。私の知っているのは日本の前衛絵画の運動に参加した人である。第一次世界大戦の時、スイスや、ドイツでダダの運動が起こり、ロシアではアヴァンギャルド運動が起きた。日本でもドイツ帰りの村山知義などが日本のダダをはじめ、ロシア革命の中のロシア・アヴァンギャルドなどに刺激され、前衛美術運動が起きた。〈マヴォ〉や〈三科〉などのグループがあり、住谷は〈三科〉で活動していたはずだ。

本を見ると、やはりその住谷磐根であった。日本の前衛美術は、日本の軍国化と第二次世界大戦によってちりぢりになってしまうが、住谷はそれを生きのび、描きつづけていたのであった。

『点描　武蔵野』は武蔵野新聞に連載され、住谷のスケッチに解説をつけたものであった。彼は玉川上水沿い桜橋、柳橋近くに住んでいたので、ぜひ武蔵野を描いてほしいと頼まれ、スケッチ紀行を描いたのである。

住谷は、この本に書いている自己紹介によると群馬県生まれで、一九二二年に上京し、前衛美術運動に参加した。戦時になると海軍の従軍画家としてインドや、太平洋に行った。記録のために油絵から水彩、さらに日本的な水墨の手法となり、表現も写実的になった。戦後は武者小路実篤の大調和展日本画部に所属した。

『点描　武蔵野』では、かつての前衛画家はすっかり落着いて、オーソドックスで写実的な風景画――武蔵野を描いている。前衛から武蔵野の写生画家へという五十年の歳月の中の変化は、武蔵野そのものの大きな変化に重なっているのかもしれない。

ロシア・アヴァンギャルドを研究してきた私には懐かしい出会いであった。

（武蔵野新聞社　一九八〇年）

変わらない古書店の街

国立界隈

南武線の西国立駅で下りる。駅前のパン屋でコーヒーを飲んで出発する。このあたりは時々、古本屋をまわりながら散歩をするので親しい道である。

私がここに来るのは、「ブックセンターいとう」という大型古書店があるからだ。古書店といっても無口なおやじが座っているといった昔風の古本屋ではなく、このごろ郊外のあちこちにできた大型のもので、CDなどが一緒に置かれた、いわば本のコンビニのようなところだ。しかし「いとう」はよくある「ブックオフ」などに比べかなりいい本も見つかるので、私はよく来る。新書や文庫はそろっている。

一階と二階の広いフロアにぎっしりと本が並んでいる。マンガの棚のところ以外はあまり人がいないので、ゆっくりと見られるのがいい。ここでずい分本を買ったな、と思ったりする。

今日はあまり収穫がなかった。それに、これから歩きまわるので、買うのを控えたこともあった。

　本屋を出て東へ進む。小さな公園がある。盆踊りの舞台がつくられていた。そこを抜けると学校がある。郵政大学校とある。夏休みなのか閉まっている。どういう学校なのだろうか。ちょうど今、郵政改革が大きな問題になり、そのために国会は解散した。この学校の人たちもそのなり行きをじっと注目しているのだろう。

　郵政大学校の東側を通っているのは矢川通りで、南へ下ると南武線矢川駅に出る。矢川通りから東南の方向に斜めに向かっているのは富士見通りで、まっすぐ国立駅に達している。逆にいうと、国立駅前から放射状にのびている道路の一つである。

　この富士見通りは私の好きな通りだ。古い酒屋からシックなレストラン、居心地のよさそうな喫茶店が並んでいて、どれにも入ってみたくなる。古本屋も二軒あるが、一軒は、二十年ぐらいまったく同じ本が並んでいるように見える。もう一軒は気まぐれで、いつ開いているのかわからない。

　ともかく、小さな店が並んでいて、大きな店がない。それぞれに個性的な店が落着いて並んでいる。なんとも感じのいい商店街である。まっすぐで、かなり長い通りなのだが、いくら歩いてもあきない。

　ちょうどお昼だったので、なにか食べることにした。私は「中一素食店」に入った。国立駅前は、東、中、西、北という町に区分されている。なぜか南はない。中一は中町一丁目にあるという意味だ。素食店というのは、肉、魚、卵をいっさい使わない精進料理ということである。中国のお寺の料理からきているのだろう。

面白いのは、メニューには肉風、魚風料理とあって、大豆などを使って、肉や魚そっくりに見える料理をつくるのだ。牛肉やエビなどが出てきて、あれっと思うが、すべて豆や野菜でつくられている。いかにも中国料理らしい技である。

私はタンタンメンを食べたが、挽肉そっくりの具は大豆でつくったものであった。その他の料理も、さまざまな工夫がほどこされ、ヘルシーで、おいしい食事のようで、他のものも今度食べてみたいと思わせた。

それから、富士見通りをはずれ、中央線沿いにある「西書店」に寄った。洋書の古本をあつかう、私にとってとても貴重な店である。神田の「一誠堂」などにあった、古本屋の気質が、ここにはまだ生きている。古い洋書がぎっしりと並ぶ店内に入ると、私はとても幸せな気分になる。

年配の夫婦がやっているのだが、本と人についての記憶を二人で保存している。ふらりと現われる私などのことも主人はすぐにおぼえて、どんな本を探しているか、どの本が向いているかを思い出してくれる。そして奥さんは、お客の顔と名と住所を、おどろくほど記憶している。私も一度送ってもらってから、二度目から住所を書かなくてよかった。

私は印象派の画家たちが描いたフランス風景を集めた本と、イタリアの風景画展のカタログを買い、ついでに、今調べていることにつながるテンプル騎士団の歴史を買い、送ってもらうことにして店を出た。すぐに国立駅であった。

国立駅南口の広場から三本の路が放射状に出ている。中央に広い大学通りがまっすぐ、ちょうどパリの凱旋門から出ているシャンゼリゼ大通りのようにのびている。南西には私がさっき歩いてきた富士見通り、南東には旭通りが出ている。

旭通りも富士見通りのようにこじんまりした店がつづく商店街だが、富士見通りほどのしゃれたセンスはない。いつもは、国立駅までくると、バスに乗って府中駅に出る。バスは旭通りを通っていく。

今日は大学通りを南に向かってまっすぐ歩くことにする。中央は自動車道だが、両側はサクラ、ヤナギ、イチョウなどの並木がつづき、気持ちのいい緑道になっている。そして画廊やカフェがつづいている。パリの大通りのようなハイカラで、しかも緑の多いストリートをまっすぐ下っていく。

このあたりは景観保護地区らしく、気をつけて見ると、さまざまな標示や掲示板で説明や注意書きがあり、並木の一本ずつに気が配られているようだ。私はふと、この日本ばなれしたともいえるハイセンスな街づくりはどこからきているのか、国立はどのようにつくられたのかを知りたくなった。

一橋大学のキャンパスが両側に広がっている。それを過ぎると桐朋学園がある。そして、さくら通りに出た。この交叉点のすこし南東に、くにたち中央図書館があるので寄っていくことにした。三階の資料室で『国立市史』の近代のところを拾い読みした。

そこで知ったのだが、国立という郊外都市の開発には堤康次郎が大きな役割を果たしている。一九二三年の関東大震災は東京の中心部に壊滅的被害を与えたが、箱根土地㈱の堤は、すぐ郊外開発に目をつけ、大泉、小平、そして国立（谷保村）に学園都市をつくる計画を立てた。そして谷保村北部の山林を買い取り、国立と名づける。この名は、国分寺と立川の間だから一字ずつとってつけたものだ。

この地を開発し、国分寺と立川の間に新駅をつくり、神田一ッ橋の東京商科大学（後の一橋大学）を移転させる計画であった。商大学長佐野善作と堤の間にコネがあったので、この話がまとまったらしい。

そして一九二五年には、駅前のロータリー、富士見通り、旭通りという基本的な街割りが決められ、都市計画がはじまった。ドイツの大学都市ゲッチンゲンをモデルにしたという。そして一九二七年と一九三〇年の二回に分けて、大学が移ってきた。

一九二七年ごろ、国立に突然、ヨーロッパ風のモダン都市があらわれたのであった。立川あたりの小学生は、遠足で国立を見に行ったそうだ。

しかし、当時はまだ谷保村であった。国立町になったのは第二次世界大戦後で、一九五一年である。

戦後の国立で問題になったのは、基地問題であった。隣の立川基地の影響で、国立にも米兵用の飲食店、ホテルが現われ、売春婦が出没するようになった。町民は浄化運動を起こし、文教地区指定を求めた。

文教地区指定は、一九五〇年に都条例として公布され、そこでは風俗営業の建物が禁じられた。また東大本郷、早稲田など十数ヵ所が指定されていた。

一九五一年に、文教地区指定問題で国立は大騒動になった。そして一九五二年、正式に文教地区として指定された。それによって国立はあらためて本格的な学園都市として出発したのであった。

私はざっとであるが、国立市の近代史を知ることができた。一九二〇年代のモダン都市として現われた国立は、戦後、立川基地におびやかされ、風紀を乱されたが、ねばり強く抵抗し、文教地区の指定を獲得したのであった。

図書館を出て、私はさくら通りを歩いた。この街を歩いて感じる西欧的でモダンな、そして自然や景観保護へのこまやかな配慮は、一九二〇年代、そして五〇年代の先駆的な都市計画と田園都市の保護運動の成果なのだ。夏の緑陰の道を歩きながら、私は国立の歴史をほんの少し学んだのであった。

途中に、うまそうなパン屋があったのでつい買ってしまった。さくら通りの突きあたりを北へ向かって進むと、まもなく国立市が終わって府中市に入る。西へ向かうと野球場やプールがあり武蔵台公園に入る。私は公園のベンチで、さっきのパンを食べ、牛乳を飲んだ。暑い日であったが、すっかり涼しくなり、元気がでた。

私はわずかに残されている多摩丘陵の尾根を歩いた。すぐ近くに団地が迫っているが、ここは樹々がすっぽりと道を包んでいて、山道のようだ。やがて眼下に黒鐘公園が見えた。国分尼寺の遺跡がある。そばを武蔵野線が走っている。そのガードをくぐると府中街道だ。

それからは、あまり緑陰のない道を府中駅まで、かなりの速さで歩いていった。陽に焼け、おびただしい汗でびしょ濡れになったが、そうやってひたすら歩いていくのも、なんだか楽しかった。こうやって夏の日を通り過ぎていく。

あたりを見ながら、なにかを考えながらのんびり歩いていくこともあり、まわりを見ずにまっすぐ急ぎ足で歩いていくこともある。だが、どちらにしてもそんなふうに夏を過ごせることを私は幸せに思うのだ。

武蔵野文庫

『郷土こだいら』　小平市教育委員会編

武蔵野を歩いて余裕のある時は、市役所の教育委員会に寄って資料をもらったり、地元で出している本を買ったりすると、いい地図を手に入れることがある。地元でないと売っていない本もある。

『郷土こだいら』も、そんな本の一つである。小平市は一九六二年に市となった。市制五周年にこの本はつくられた。

小平は武蔵野台地のまっただ中に開かれた新田としてはじまり、小川村と言った。青梅街道が通り、その両側に家が並び、その屋敷森のケヤキが街道に並木をつくり、冬の北風、夏の日照を防いだ。

小平は文字通り平らな地で、あまり大きな川はなく、玉川上水、野火止用水によって水田をうるおしている。小平風景の一つの特徴は〈屋敷森〉である。武蔵野は冬にあまり雨が降らず、からっ風が吹くので、それをよけるため家のまわりにケヤキなどを植えたのである。

屋敷森とともに小平の風景を飾るのは玉川上水と、サクラ並木だ。江戸の町が大きくなり、神田上水だけでは水が足りなくなり玉川上水が計画される。玉川兄弟によって承応三年（一六五四）、ついに完成し、多摩川から四十キロの水路を通って江戸に水がとどく。そして玉川上水から小平に分水された。

『郷土こだいら』によると、玉川上水の土手に桜を植えさせたのは大岡越前守であったという。花見客を招き、小平新田の地ににぎわいをもたらすためであったという。

この本に、武蔵野を構成している多くの市や町のそれぞれの歴史に興味が呼びさまされる。それらは、みんなつながっていて、一つの物語を構成しているように見える。武蔵野のところどころ、その小さな部分を歩くだけなのだが、その小さな窓から武蔵野の歴史が覗いているかのようだ。

（『郷土こだいら』一九六七年）

江戸の暮らしが偲ばれる

正月の八王子

年末にひまがなくて、正月になって年賀状を書いた。まず、だれに出すかを決めるのに住所録、この一年に貰った名刺、元旦にきた年賀状などを見る。そして私はふと、もの思いに沈んでしまう。この一年に亡くなった人がいる。そしてこの一年、会わなかった人がいる。この人はもういない、この人は音信不通になってしまった、といったことが次から次へ浮かんで、メランコリックな気分になるのである。

そうした、たくさんの人たちへの思いがいっぱいになってしまったので、ちょっと気晴らしに散歩に出かけることにした。

どこに行こうか。今日は一月三日だ。あまり混んだところは行きたくない。そこで八王子の街を歩くことにした。

京王線八王子駅から出発する。この近くの図書館と古本屋は時々くることがある。すぐに子安神社がある。子どもを授ける神社だ。〝泣き相撲〟で知られる。赤ん坊を対決させて、先に泣いた方が勝ちという行事である。ここはなかなか混んでいて、お正月らしかった。

その境内を裏手に抜けると甲州街道に出る。通りを渡ると市守・大鳥神社がある。二つの神社が一緒になっている。不思議なことに、正月は神社の書き入れ時だと思ったのに、ここは閉まっていて、境内は無人である。お酉さまの時はにぎわうそうだ。だれもいないので、静かで居心地はよかった。

ここは、八王子の街を開いた時、街を守る神としてつくられた神社で、後に、大鳥神社が一緒になった。

八王子の街というのは、小田原北条氏が豊臣秀吉によって滅ぼされ、八王子城が落ちてから、徳川氏がこの地に新しくつくった都市である。八王子城址は先日行ってきたのだが、ずっと西の山岳地帯にある。今は元八王子街である。ここにあった町を、今の八王子に移して江戸時代の町をつくったのである。

今の八王子は多摩川、浅川に近く、交通の要地で、甲州街道の宿場町として発達してくる。つまり八王子は江戸以来の比較的新しい都市なのだ。

市守神社の東側を甲州街道から北へ入ると、静かな通りがある。よく見ると、畳屋、ふとんや、豆腐屋など、昔ながらの店がぼつぼつあって、懐かしい雰囲気がある。途中で右に入る道があり、その途中に永福稲荷がある。ここもだれもいない。隣の小さな広場に一里塚の碑があった。さらに進むと甲州街道に入り、浅川の大和田橋に出る。

実をいえば、市守神社から永福稲荷にいたる古い道こそ旧甲州街道なのだ。今は大和田橋からの広い通りが甲州街道になっているが、昔は永福稲荷から、鍵の手に折れる道が甲州街道で、外から八王子町を攻撃されないよう、鍵の手に曲がっていたのである。

このあたりを歩くと、しだいに八王子町の成り立ちがわかってくるような気がする。ここは新町という。甲州街道は、ここで折れ曲がりながら八王子の中心部に入ってくる。そして、メイン・ストリートとして、東から西へまっすぐのび、横山宿、八日市宿、八幡宿、八木宿とつづく。

この先で道は二つに分かれる。ここが追分で、左に甲州街道、右に案下道がのびる。横山、八日市、八幡というのは、八王子城下にあった町で、それをここに移したわけである。やがて、新しい町ができて、八王子十五宿といわれる都市に成長した。

徳川氏は、武田氏、後北条氏などの浪人を八王子の町づくりに当てたらしい。その主力となったのは、〝八王子千人同心〟と呼ばれる人たちであった。彼らは半農半士であった。つまり、ふだんは農業をしていて、いざという時には武士として戦うのである。

千人同心は、百人ずつ十組に分かれていた。一組は十班に分かれた。班員は小人といわれ、班長を小人頭といった。八王子は千人同心によってつくられた町だ。甲州街道に沿って、横山町、八日市町、八幡町があるが、八王子城下から移ってきた一番古い町だ。

新町と横山町の間の広い通りは、ＪＲ八王子駅前からまっすぐ北へ向かい、市守神社のところで甲州街道と交叉する「桑並木の道」である。それを渡って西へ進むと八幡・八雲神社がある。悪霊を払い、長命を与えるという茅《ち》の輪《わ》があるので、それをくぐる。

北へ向かうと北大通りに出る。ここに妙薬寺がある。鮮やかに彩色された本堂がある。ここは中世の武士団横山党のゆかりの寺であるという。通りを渡って路地をさらに北へ行くと、小さな和菓子屋がある。なにげない店だが、嘉永元年創業の「白子屋」で、百五十年以上の歴史がある。残念ながら、正月休みであった。

そこから少し西に毘沙門堂があった。そこで「八王子七福神スポットマップ」をもらったので、七福神めぐりをしてみる気になった。

西へ向かうと東京環状道路（国道十六号）に出る。それに面して極楽寺がある。広々として立派である。八王子開拓の祖といわれる長田作左衛門や千人同心で文人であった塩野適斎の墓がある。

千人同心は、江戸の西側の防衛のために置かれたものらしい。しかし、江戸時代は太平がつづいたから、千人同心の軍役はあまりなかった。かなりひまだったので、趣味で、文学や学問をやる人がいた。そのため、文人や学者として知られる千人同心がいたのである。

さらに西へ進むと秋川街道に出る。それを南へ下ると甲州街道に出る。その手前に善龍寺があり、ここに走大黒天が祀られている。二つ目の七福神である。

甲州街道は追分にさしかかる。右が陣馬街道、左が甲州街道である。ここに石の道標が立っている。これは文化八年(一八一一)、江戸の清八という足袋屋が寄進したものだ。「左　甲州街道、中　高尾山道、右　あんげ道」と刻まれている。あんげ（案下）というのは今の陣馬街道のことだ。

このあたりは千人町と呼ばれている。千人同心の幹部である千人頭たちの屋敷があったところだ。近くの興岳寺には千人頭・石坂弥次右衛門の墓がある。幕末に日光東照宮の守備をしていたが、官軍に攻められ、東照宮を焼失させたくない、と戦わず明け渡した。後に、その責任をとって切腹したという。文化財を守って死ななければならなかった人の悲劇が迫ってくる。千人町あたりの甲州街道は銀杏《いちょう》並木がすばらしい。去年の十一月に通った時は黄色い葉が散っていたが、今は、まったく葉のない枝が鈍く光っている、それもまたいい。

街道沿いの了法寺には新護弁財天が飾られていた。やや西の宗格院も千人同心のゆかりの寺で、松本斗機蔵の墓がある。塩野適斎の弟子で、千人同心の十人組の頭であり、幕末の優秀な蘭学者であったという。開国論者であったが、天保十二年（一八四一）に没している。洋学への弾圧が厳しかった頃であった。

浅川の水無瀬橋を渡って、吉祥院にまわる。七福神四番目の吉祥天の寺である。高台にあって、見晴らしがいい。正月なので、七福神めぐりをする人が多く、どこもなかなかにぎわっている。それ以外の寺社はほとんど人がいなかった。

再び浅川を渡って、甲州街道にもどる。西八王子駅前に出て、ここで喫茶店に入り、冷えきった体をあたためため、一休みする。やっとぽかぽかしてきたので、また歩きだした。

ＪＲ中央線の踏切を渡り、八王子高校の脇を抜けて南大通りに出る。まだ工事中で、すっかりできていない。通りに面して信松院がある。松姫の寺である。武田信玄の六女であるこの美女は織田信長の長男信忠と婚約したが、両家が不和となり、約束は果たされなかった。信忠は本能寺の変で父と運命を共にし、松姫は武田家滅亡に際し、この地に逃れ、尼となり信松院を開いた。

戦国の世に生きた一人の女がここに歴史を遺している。この寺に布袋尊が置かれている。水掛け地蔵のようなもので、中年の夫婦が熱心に水を掛け、ごしごし洗っていた。布袋さんを洗うといいことがあるのかもしれない。

南大通りをさらに東へ進むと広い道に出る。これが極楽寺の前を通っていた国道十六号である。中央線の線路の手前に金剛院がある。近くに郷土資料館がある。まだ正月休みであった。前に来たことがあり、その時、「千人のさむらいたち――八王子千人同心」というブックレットを買った。それを今日は持ってきている。千人同心について、要領よく説明されていて、参考になった。

さて、金剛院には、福禄寿が置かれている。七福神の六つ目である。

中央線の踏切を渡って国道十六号を北上する。甲州街道に出る前に右へ曲がると、成田山伝法院に恵比寿天がいて、七福神めぐりを完了したことになる。

それから甲州街道に出て、横山町などのちょっと古びた商店街を歩いた。このような懐かしい町並みはしだいに失われつつある。正月でほとんどの店が閉まっていたので、よけいにガランとしてさびれた感じがしていた。私などはこの方が好きなのだが、それではやっていけないのだろう。

日が落ちてきて、かなり気温が低くなってきた。通りの半分が明るく、半分が暗くなり、陰影が濃くなってきた。私は足を早めた。そろそろ京王八王子駅は近くなった。

今日は正月の八王子を歩いた。年始らしく、おめでたい七福神めぐりをした。そして親しい人たちの今年の幸せを祈った。もっとも七福神めぐりは正月のご愛敬で、めでたくめぐって行きながら、八王子という千人同心がつくった町を足で感じていったことが今日の一番の収穫だったかもしれない。

私は正月の八王子を歩いた。そのことで、少しではあるが、私はこの町と親しくなったような気がする。この町をつくり、この町に生きた人たちがちらりと見えるように思える。それは千人同心のほんの数人にしかすぎないけれども、その人たちが今日、私と一緒に歩いてくれたように思える。ありがとう。私は君たちをおぼえていよう。

学生の姿が映える

西国立から国立駅前

長い梅雨がやっと終わって、夏になった。私は夏の暑い日差しの下を汗をかきながら歩いたりするのが好きだ。今年も夏が来て、その中を歩いている、と思うと、なんだかうれしくなるのだ。

京王線の分倍河原駅で南武線に乗り換えて、西国立駅で下りる。立川駅の一つ手前である。ごく平凡な駅なのだが、いかにも武蔵野郊外の駅という感じで私は好きだ。

駅前に、いくつかの店がかたまっている。サンドイッチの店、そば屋、持ち帰りのすしの店、パン屋。すし屋の隣にあったケーキ屋はなぜか店を閉めてしまった。

私はパン屋に附属しているカフェに入って、コーヒーを飲む。ここに来た時の決まりで、一息ついてから歩きはじめる。

駅前を過ぎると、数軒の小料理屋が並んでいる。一軒は、店を閉めている。このあたりは羽衣町という。かつて天女がいたのだろうか。羽衣町というのは、たいてい歓楽街であったところである。このあたりは、かつて立川が基地だった時、にぎわった町だったのではないだろうか。今は、まったくその面影はない。

駅から東へ進むと、やや広い通りに出る。この角にかつて古い食堂があって、カツ丼がおいしかった。しかし私もコレステロールなどを気にするようになり、カツ丼を食べなくなり、この店に寄らなくなった。ふと気づくと、その店はなくなり、どこかの事務所になっていた。まさか私が行かなくなったせいではあるまいが、ここを通ると、いつも思い出す。

通りを渡って、細い道をさらに進む。ここはいつも元気な若い娘たちがいっぱい歩いている通りだ。この先に東京女子体育大がある。彼女たちは、近くのコンビニの前に集まって、オニギリやパンをもりもり食べている。その若々しさに私は見とれてしまう。

しかし今日は、夏休みのせいだろうか、ほとんど人通りはなかった。途中にアパートがあり、「ヴィラ・ディ・ムジカ」（音楽の館）という看板が出ていた。一階に、生田流の琴・三弦教室の看板もある。琴のお師匠さんがこのマンションをつくったのかな、といった想像をしたりする。

東京女子体育大入り口の交叉点に出る。角に、体育大生たちのたまり場であるコンビニがある。今日はだれもいなかった。隣に、「ブックセンターいとう」がある。このごろ増えてきた、郊外の大型古書店チェーンの一つである。

普通「ブックオフ」はマンガと文庫本中心だが、「いとう」はなかなかいい本をそろえているので、時々のぞいてみる。今日は、西国立から歩いて古本屋をめぐっていきたいと思う。

倉庫のように広いスペースに本がぎっしり並んでいる。看板によると十万冊の在庫という。二階の単行本の部屋はほとんど人がいないので、貸切のようであり、さらには自分の書庫を歩きまわっているような気分だ。こんなに広い書庫があったらいいな、といった思いにふける。ともかく、ひとときは自分のもののように本棚をのぞいていく。

今、探している本がないか、と見ていきながら、ついでに目についた本を引き出して、パラパラ見たりする。新潮文庫の、ヘミングウェイ『誰がために鐘は鳴る』と、創元推理文庫のウイルキー・コリンズ『月長石』を買う。

いつもここに来ると、一時間や二時間はあっという間にたってしまう。きりがないので、やっと外に出る。白い雲がわいていて、まぶしい夏の日だ。小さな公園がある。だれもいないが、中央に舞台が組まれている。夏休みの演芸会か、盆踊りがあるのだろうか。

この公園を横切っていくのが好きだ。いつもだと、ひまそうな老人たちがベンチに座っていたりするが、今日はだれもいない。すべり台にも子どもの姿はない。まぶしい日差しと、公園の端に植えられた木々の緑の影が静まりかえっていた。

私はふと、この真夏の太陽の下を歩いていることがすばらしく思える。今、私はここを歩いている。それはかけがえのないことだ。なぜなら、いつか歩けなくなるだろうから……。だが、今はまだ帽子をかぶり、汗を流しながら、ここを歩いてゆける。住宅の間のなにげない細道が、なんだかすばらしい道に思えた。

やがて学校の脇に出た。郵政大学校である。郵便局の人たちを養成するのだろうか。いつもシンとして、あまり学生を見かけない。道に沿って、さまざまな種類の梅の木が植えられているので、春にここを通るのが楽しみである。

この通りが立川市と国立市の境界らしい。学校に沿って歩くと角に郵便局があり、そこを曲がると、立川から国立へ向かうバス道路である。それを東へ向かう。

やがて斜めに交叉する通りに出る。国立駅へ向かう富士見通りである。急ににぎやかな商店街となる。いつもここで、なにか買って飲む。まわりが百十円なのに、なぜか一ヵ所だけ百円の自動販売機があるからである。なんか得をしたような気がする。

富士見通りは、しゃれた店、変わった店があって楽しい。ここには二軒の古本屋がある。まず国立音大附属高校の向かい側に「国立書房」がある。ここの棚は、何十年間も変わっていないように見える。私もずいぶん古くから行っているが、昔の本がそのままある。商売になっているのか心配になるほどだ。

私はいつもの棚の、いつもの本を見て外に出る。変わっていないので安心するが、何も買わないので申し訳ない気がする。

さらに国立駅に向かって歩いていくと、「道化書房」がある。ここはさらに不思議な店で、いつ来ても、ほとんど開いていない。といってやめたわけでもなく、気まぐれに開いている時もある。本はなかなかいいものをそろえているが、いつ開けるのかわからない。今日もやっぱり閉まっていた。

その少し先の角を入ったところの二階に私の好きな「バスチーユ」というカフェがある。サンドイッチとコーヒーがおいしい。このあたりには、まだまだ入ってみたい店がいろいろある。

中一商店街から北へ入って、中央線沿いの道に出る。ここには、私が好きな「西書店」がある。このごろ少なくなった洋書をあつかう古書店である。珍しい洋書がぎっしりと詰まっている。年配のご夫婦でやっているが、ご主人は洋書の生き字引きのような方で、私がこんな本はありますか、ときくと、すぐに出してくれる。

そこを出ると、もう国立駅である。この古びた駅舎も、取り壊わされる予定だそうだ。私のような戦前のモダン建築が好きな人間にはちょっと淋しい気がする。

駅前からは放射状に三本の道路が出ている。学園都市として計画されたモダン都市国立が広がっている。

駅前には、古書流通センターがある。一階と地下一階に店があり、掘り出し物がある。美術書もかなり多い。

駅前から府中に向かう旭通りに入る。中央の大学通りをはさんで、富士見通りの反対側になっている。富士見通りは、しゃれた店が多いが、こちらは昔ながらのクラシックな商店街で、和菓子屋、はき物屋などが並び、下町風で、歩いているのも、ややお年寄りが多いような気がする。

ここにも二軒の古本屋がある。手前の右手に「谷川書店」がある。古本屋の主人はたいていむっつりしているが、ここは話し好きで、はじまると止まらない。今日も先客と話し込んでいた。私はそのすきに棚をぐるっと見て、店を出た。

さらに行くと左手に「ユマニテ書店」がある。名前からして、かつて左翼系の書店であったらしい。マルクス・レーニン主義の古書がいっぱいあるが、今はあまり売れないようで、ずっと前から棚に並んだままだ。しかし、ここは古いストックが豊かなので掘出し物がある。

私は上林白草居『武蔵野雑記』(一九五二)という本が気になった。高浜虚子の弟子の俳人らしく、戦後まもなくに出した私家版のエッセイ集である。私は武蔵野を歩きながら、武蔵野についての本も集めている。この本は二千五百円であった。ちょっと高い気もしたが、珍しそうなので買うことにした。パッとあけた時、「賀状」という題のエッセイの頁が出てきて、「九年ぶりとかで年賀郵便が復活するといふ。」とあった。すると一九一六年から、戦争のため年賀状は中止になり、一九二五年に復活したらしい。

そんな時代を感じさせる文章にひかれて、私はこの本を買って店を出て、もう少し旭通りを歩いた。

私の万歩計は一万歩をこえている。バス停があった。多摩蘭坂とあった。面白い名なので、ここからバスに乗って、府中に出た。黒井千次が『たまらん坂』という小説を書いていた。今度探して読んでみたいと思った。

私は武蔵野の夏を歩いた。暑く、またすがすがしい夏であった。そして武蔵野の本を買って、私のささやかな夏休みが過ぎていった。

★I章所収の十一篇は、同人誌『断絶』(二〇〇一年九月〜二〇〇六年一〇月発行)に掲載されたものです。

武蔵野文庫

『荻窪風土記』　井伏鱒二

『荻窪風土記』は、私にとって懐かしい思い出がある。編集者であった私は、原稿依頼に井伏さんの荻窪のお宅に通ったことがある。今でも荻窪のあたりを通ると寄ってみたくなる。亡くなって、もう、いらっしゃらないのだが……。

私の〈武蔵野〉は若い時代に作家や、画家の家に通っていた頃の思い出と結びついている。武蔵野を歩きまわりながら、あれ、ここは前にきたことがある、そうだ、あの人の原稿を取りにきた、その角を曲がったところだ、といったことが思い出された。失敗もあり、楽しい思い出もあった。

井伏鱒二は、地誌的な記述を実に細かくする人である。トポロシー（地誌的想像力）にすぐれた人だったのだろう。この本は、まさにその典型で、古い荻窪の様子が微細にわかる。そのためにさまざまな資料を読みこなしている。

「私が荻窪に引越して来たのは昭和二年の夏である。その頃、夜更けて青梅街道を歩いていると、荷物を満載した車を馬が勢いよく曳いて通るのに出会った。すれちがいに野菜の匂いが鼻をついたものである。」

そして「森さんの『杉並区史探訪』による」とあり、青梅街道の歴史が記される。小説と歴史が混然一体となっているのが井伏文学なのだ。したがって都市論としても読めるのだ。知的であるが、イメージにも富んでいる。文章が見えるように語られるのだ。

「私が引越して来た頃は、いまの荻窪駅の手前、映画館通りへゆく右の曲り角に古めかしい蹄鉄屋があった。前方に遠く富士が見えた。」

井伏さんは、こんなふうに失われた荻窪を見せてくれる。私が武蔵野で出会った人たちは、その見方を教えてくれたのだ。

（新潮社　一九八二年）

Ⅱ

緑陰が広がり、花壇がまぶしい

府中郷土の森

京王線の中河原駅で下りる。前の大通りは鎌倉街道である。南へ多摩川に向かって歩く。別にどうということもない商店街であるが、昭和三十年代風の、懐かしい感じがところどころに残っている。

朝飯前だったので、駅のそばの喫茶店でトーストとコーヒーのモーニング・セットをたのむ。いかにも地元の喫茶店で休日のせいもあるが、客は近所のおなじみばかりで、私だけよそ者で、ぽつんと座っていた。トーストには、山盛りの野菜サラダがついていて、これなど地元らしい。こんな店も少なくなったな、などと思いつつ、のんびりした気分になる。

店を出て、歩きはじめる。多摩川の関戸橋に近づく。その手前の左側に中河原公園がある。そこに出ていた地図では、公園の前の遊歩道を東へ向かうと府中市郷土の森公園に至るらしい。やはり、そこの説明板によると関戸橋ができたのは一九三七年で、それまでは中河原の渡しがあり渡し舟があったらしい。

また、昔は多摩川は今より北の方、立川段丘の下あたりを流れていて、今の多摩川は浅川であった。私は浅川のほとりに住んでいるのだが、そのすぐ下流で多摩川に合流している。しかし、かつてはもっと先で一緒になっていたようだ。多摩川と浅川の間なので、中河原というのだそうである。

私は中河原公園から、遊歩道に入った。団地の裏側を抜けてゆく緑道である。夏の明るい光が濃い影を落としていて、地面にくっきりとまだら文様が描かれている。暑い日ではあるが、湿度が少なく、すがすがしい。

今日、ここを歩いていることがとても幸せに感じるような日であった。

クスノキが大きな影を広げていた。その下を通りすぎると、大柄で、南国的な葉を茂らせている木があった。なんだろう。マテバシイであった。ブナの一種らしい。そのたっぷりとした葉の下をくぐっていった。なんだか、この木にお礼をいいたくなった。

しだいに木々は数を増し、大きなかたまりとなり、森へとふくらみはじめた。郷土の森が近づいているらしい。そして右手に緑に包まれる建物が見えた。まわりこんでいくと、府中市郷土の森公園の入り口であった。

正門を入ると、右に郷土の森博物館がある。ここで「宮本常一の足跡展」が開かれているので、私はそれを見に来たのである。宮本常一は日本中を歩きまわった民俗学者であり、府中の住民であった。

私にとっても何度かお目にかかった人なので、懐かしい。ずいぶん前のことであるが、平凡社という出版社の新米編集者であった私は、お茶の水駅の改札口まで、校正をとどけに行ったことがある。宮本先生は、メッセンジャー・ボーイである私に、「やあ、ごくろうさん」と言ってにっこりした。そして、風のように街に消えていった。そんなことが思い出される。

展覧会の入り口に、あの時と同じような笑顔の宮本常一の写真が掲げられていた。

この人のすごさが本当にわかったのは、会社をやめて、自分でものを書くようになってからであった。会社にいる時、お目にかかった時に、もっといろいろ聞いておけばよかったと思うが、その時はまだ若かったのである。そして、やめてから、歩いて書くことを宮本の本から教えられた。

私が読んだ彼の最初の本は、『日本民衆史Ⅰ　開拓の歴史』(未来社　一九六三)だ。その書き出しが好きだ。

「人間の歩いてきた道は遠くはるかであった。そして生きるということのために、ほんの少数の人をのぞいた多くの人たちは多くの労苦をなめてきた。その労苦は言語に絶するものもあったが、人はなおその苦しみにたえて生きつごうとした。」

宮本は人間の歩いてきた道、苦しみながら生きてきた道を自らも歩きつつ、苦しみつつ書いた。

この展覧会で、『私の日本地図』（全十五巻）のために宮本が撮った写真が展示されていた。今はもう失われた風景がここにある。どれも胸にしみるような写真だ。

宮本は一九〇七年、山口県の生まれ（今の周防大島町）だが、一九六一年から府中市新町に住み、一九八一年に没した。府中と縁が深く、この地の民俗調査も行なっている。今度の展覧会で、宮本と府中との関係を知ることができたのは、一つの収穫であった。私は博物館で出している『宮本常一の見た府中』を買った。

博物館を出ると、郷土の森は、あじさいの花のまっさかりであった。青い宝石のような花が咲き乱れている。そこを過ぎると、白いあじさいがあらわれる。そして薄紫のあじさいがつづいている。

公園の一画には、旧府中尋常高等小学校の校舎が復元されていて、そこに村野四郎記念館がある。村野四郎はモダニストの詩人で、府中の甲州街道沿いの地の生まれである。卒業式に歌われる「巣立ちの歌」や、童謡「ぶんぶんぶん」で親しまれている。

あらためて郷土の森を歩きながら彼の詩を読むと、風景がくっきりと見える。「故園悲調（一）」は次のようだ。

「私の古い田園は武蔵野のなかにある。白壁は虎杖《いたどり》草と蛇苺というクサの中に傾いている。そして父と母は山芋の蔓のからんだ樒《しきみ》の樹の下で眠っている。夏ごとにこのかなしみは私の心によみがえってくる。」

夏の空はあまりに深く青く、あじさいの青も透き通るように青くて、なんだか哀しくなるほどだ。

私は空と花の間を歩き、村野四郎の詩を胸の中で読んでいた。そして今日、宮本常一の展覧会を見て、村野四郎の詩を読みつつ、公園をさまよっているこの時のかけがえのなさに胸がいっぱいになり、そのことをだれかに話したくなったが、だれもいないのであった。

私は郷土の森公園をあとにした。そして公園のすぐそばからまっすぐ北へ向かう下河原緑道を歩いた。住宅地を抜け、田園に出る。水田や畑が広がっている。ところどころに、野菜の無人売場がある。新鮮で安くて、買いたくなってしまう。

花壇や植込みや、木陰をつくる並木に縁取られて緑道がまっすぐつづいている。たしか、これは多摩川あたりまでつづく貨物鉄道線のあとだったと思う。このまま行けば甲州街道に出る。

私は中央自動車道の下をくぐってから右へ曲がった。しばらく行くと、南武線の府中本町駅の南に出る。ガードをくぐると目の前に府中競馬場の観覧席がそびえている。それに沿って行くと、左手に安養寺、妙光院などの寺がつづく。妙光院の横に私の好きな喫茶店があるが、今日は寄らずに、その先の坂道を上る。

この坂は、武蔵野によくある〈ハケ〉という地形を示している。府中の段丘がここにあり、それを上る坂なのである。

坂の上は大国魂神社の境内の森である。このあたりは私には親しいところで、神社の中にある府中図書館にはよく訪れるのである。神社の見事なケヤキ並木の脇にあって、ふだんは静かだが、正月や祭りの時は、図書館からそのにぎわいを見ることができる。

大国魂神社というと、五月の「くらやみ祭」が有名だ。私も毎日のように見にくる。宮本常一は、この祭りの調査と保存に関わっていたことを今日、私は知った。

せっかく通りかかったので、私はやはり図書館に入ってみた。村野四郎の『詩的断想』(冬樹社 一九七二) が目にとまった。パラパラめくってみると、「武蔵野の虎」という文章があった。

「私は、夏の盆と春秋のお彼岸には、かならず生家のお墓参りをし、帰ることにしているが、帰るたびに武蔵野特有の雑木林や欅が伐り倒され、赤や青の屋根がキノコのように増殖しているのに驚く。この前も、墓地のシキミの根元までブルドーザーにかじられていた。」

村野がこう書いた一九七二年から、もう三十数年が過ぎている。

私は図書館を出た。神社の境内の樹木は緑深く、それほど変わってはいないようであった。神社の前の旧甲州街道に出ると、まぶしいような現代都市が迫ってくる。三十年前にはまだこのあたりに、古い街道筋に面した蔵づくりの店が並んでいたような気がする。

私は今日見てきた、郷土の森公園に保存されていた古い家々、小学校や、郵便局や町役場や薬屋など、そして、それらの記憶を記録し、保存しようとしてきた宮本常一や、村野四郎の仕事のことを思った。それらの古い都市と、私の目の前に開かれている新しい街の間をどうやってつないでいったらいいのだろう。

私は府中駅前のにぎわいを抜けていったが、なんとなく物足りない気がした。そして、もう少し歩きたいなと思った。京王線で聖跡桜ヶ丘駅まで行き、今朝、渡らなかった関戸橋の反対側のところから、多摩川の土手を西の方へ歩いた。

そして歩いているうちに、私は晴れやかな気分になった。宮本常一は日本を歩いた。私もほんの少しではあるが、その先をつづけたい。彼の旅をつづければ、宮本常一の仕事は生きつづけるのではないだろうか。

やがて、多摩川と浅川の合流点まできた。今日、宮本常一にひかれて、多摩を歩いた。この小さな旅は、いつか人々の大きな流れに合するのだろう。

そう思うと、私の歩みは軽くなった。こうして歩いていく。そしていつか、川に入り、大いなる海へと流れていく。

船で荷を運んだ玉川上水

鷹の台から拝島へ

玉川上水沿いの道を歩く。いつも一人なのだが、今回は三人の友人と一緒だった。鷹の台から拝島までの、約八キロのコースである。

西武国分寺線の鷹の台駅で待ち合わせる。年に一度しか会えない古い友人たちと歩いて、拝島で忘年会をしようというのである。さびしい一人歩きとちがって、顔がほころんでくる。

駅前通りを南へ行くとすぐに玉川上水に出る。鷹の橋がある。このあたりは江戸時代の鷹狩りの場であったらしい。それだけ武蔵野が茂っていて、鳥獣の里だったのだろう。今は玉川上水沿いに、雑木林が残っているだけだ。

冬枯れの落葉の散り敷いた道をサクサクと歩く。葉のない錆色の木立ちがずっとつづいている。私は前に出たり、うしろにさがったりしながら、三人の友とおしゃべりをする。道が細いので、二人ずつしか通れないのだ。

新小川橋を過ぎたところに水車小屋跡がある。武蔵野の川にはかつて多くの水車が掛けられ、穀物をひいていたが、今はほとんどなくなってしまった。

「このあたりでホタルを飼育していて、夏にはホタルが飛ぶんですよ」と地元の友人が教えてくれる。木立ちの向こうに彼の家が見える。

「こんないいところで暮らすなんてぜいたくな」といわれて、「いやいや」と彼は照れる。しかし、友人の家がそばにあると知ると、この道がぐっと親しく感じられる。

しばらく行くと、右手に大きな煙突があり、その脇に「こもれびの足湯」があった。ここで一休みしていくことにした。庭の池のようなプールの縁に腰掛けて靴と靴下を脱いで、足をひたす。しばらくすると、あたたかくなり、足の痛みが消えてゆく。

常連の人に聞くと、毎日来て、一時間以上つかっているという。元気がでてくる。あったまって、また歩きはじめる。靴の中がぽかぽかする。

さて、玉川上水とはいかなるものだろうか。徳川家康が江戸に入り、市街を建設した。やがて大都市となると、市民のための水は神田上水だけでは足りなくなり、多摩川から水道を引くことになる。そして玉川兄弟によって、見事にその工事が成功し、玉川上水ができた、といった話はなんとなく聞いたことがある。

調べてみると、この耳学問はいいかげんであった。そもそも玉川兄弟などというのはいなかったのである。庄右衛門、清右衛門という二人の町人が工事計画を請負ったと伝えられている。そして成功したので、玉川の姓をもらったという。つまり玉川兄弟がやったのではなく、あとで玉川と呼ばれたわけだ。

この二人が本当の兄弟であったかどうかもわからないし、さらには、実在したかどうかもはっきりしない。伝えられているというのは、玉川家の子孫が、先祖の玉川兄弟が玉川上水をつくったといっているだけのことだ。幕府の記録には残っていないという。

私は、玉川兄弟について、もう少しはっきりしたことがわかっているのかと思っていたが、どうやら伝説に近いものであるらしい。

ともかく承応二年（一六五三）四月から工事をはじめ、多摩川の羽村取水口から四谷大木戸までの四十三キロを八ヵ月ぐらいで掘ってしまったといわれる。どのように工事をしたのかもよくわかっていない。

どうもよくわからない玉川上水の歴史などを考えながら歩いていくうちに、西武拝島線の玉川上水駅に出た。清願院橋がかかり、芋窪街道が通っている。それを渡ると、さらに玉川上水の上流に向かう。

このあたりで、川沿いの雰囲気が少し変わってくる。鷹の台駅から玉川上水駅までは、雑木林が繁茂し、いかにも武蔵野らしい、ほの暗さがあって、自然に近い。

ところが玉川上水駅から上流は、よく整備されて、まわりが明るくなってくる。玉川上水駅の手前で小平市から立川市に入るのも影響しているのかもしれない。

小平市の玉川上水は、より自然のままで、立川市に入ると整備され、すっきりしている

清流が復活した玉川上水（小平監視所付近）

のは開発が進んでいるともいえる。つまり、風情がない。玉川上水駅のすぐ上流では、川沿いの道すれすれに巨大マンションが建設中であった。

宮の橋に出る。このあたりから砂川町に入る。宮の橋を南へ行くと五日市街道で、その手前に阿豆佐味神社がある。玉川上水から分水して、この地を開拓した砂川家の屋敷があり、巨大なケヤキがそびえているのを以前に見たことがある。

この地の大地主として、砂川家はかなりの権力を持っていたのではないだろうか。見影橋のすぐ上に源五右衛門分水と呼ばれる水門があり、砂川家はそこから専用の水道を引いていたのだ。

さらに砂川家は、明治のはじめ、玉川上水に舟を浮かべ、砂川の農産物を東京に送る舟運業をやってのけた。そのために岸に舟着場をつくっている。

玉川上水駅の下流と上流では風景が変わるといったが、その理由の一つは、下流では谷が深く、草木が茂っていて、水面が見えないが、上流で岸壁が整備されていて、川底は浅く、水面が高いので、よく見えることだ。そのために、水面が光を反射して明るく、開けた雰囲気となっているのである。

見影橋の手前に巴河岸がつくられ、ここから野菜などが舟積みされ、東京市内に送られた。牛車で五日市街道を行くよりずっと効率のいい運送であった。明治三年のことである。

しかし、うまいやり方に見えるが、これは無理な方法であった。なにしろ飲み水の水道に荷物舟を運行させるのだから、汚れがひどく、問題になって、すぐ玉川上水の舟行は中止された。

上水の流れが光り、川底も見えた。せっかく川があるのだから、交通にも使いたいと思ったのだろうな、と砂川の人たちの思いつきもわかるような気がした。

上水橋に出た。ここで玉川上水は残堀川と交叉している。川の立体交叉として有名で、玉川上水が残堀川の下をくぐっている。昔は逆だったという。一番最初は合流していたが、残堀川の水が汚れてきたので、別々にしたらしい。

ここで、途中でいい忘れたことを思い出した。玉川上水駅の上流と下流のちがいでぜひ触れなければならないのは、水そのもののちがいだ。

駅の手前に東京都水道局小平監視所があり、ダムのようになっている。ここで堰き止められた水は、そのまま下流に放水されているわけではなく、地下水道に入り、東村山浄水場に送られる。

では、ここから下流を流れているのはなにかというと、下水処理場からの水である。つまり、上流と下流ではまったく別な水が流れているのだ。飲み水は、小平監視所から東村山浄水場へ送られ、下流には行かない。かつては淀橋浄水場に送られていたが、それが廃止となり、東村山に移ったので、玉川上水の下流は不要になってしまった。

しかし、一九八六年、下水処理水を流すことにして、川を復活させたのであった。それはもう上水ではないのであるが、川の景観として、私たちを楽しませるものとなった。私たちが今日歩いてきた玉川上水のほとりも、決して昔のままではなく、歴史的にさまざまな変化を生きているのだ、ということをあらためて感じさせられた。

自然の道はいつも変わらないように見える。しかし刻々となにかが失われ、なにかが生まれているのだ。私は鷹の台から歩き出し、上流へとさかのぼってきた。そして、上流から同じ水が流れてきているように思っていた。だが、いつの間にか別の水に入れ替わっていたわけである。

松中橋に出た。地図によると、鷹の橋から八キロである。立川市から昭島市に入った。ここで玉川上水は地下に入り、消えてしまう。南側に昭和の森ゴルフ・コースがある。その脇を通ると、また川が現われ、美堀橋に出る。

ここで玉川上水が暗渠になっているのは、戦時中、ゴルフ・コース側に飛行場をつくる計画があり、その滑走路が上水をまたぐように位置したので、川に蓋をしてしまったらしい。だが、飛行場をつくる間もなく敗戦となってしまい、玉川上水はここだけ地下を流れているわけである。私たちはなにげなくその上を歩いているのだが、そこには戦争の歴史が刻まれているのだ。

そろそろ日が落ちてきて、水面も暗くなった。風も冷たくなってきた。さすがに十キロ近く歩いてきたので、みんなの足どりも重くなりだした。「もうすぐですよ」「そのもうすぐが長いんだ」などと言いながら、落葉をかさこそと踏んで行った。

その先で、昭島市から福生市に入る。拝島駅はぎりぎり福生市に位置している。このあたりは、玉川上水をいくつもの鉄道線が入り組んでいて、どうつながっているのかわからない。

玉川兄弟もここでは苦労して、何度も掘り直した、といった話が伝わっている。掘りかけた溝の跡が残っているそうだ。

今度は本当に、私たちの目的地はもうすぐであった。すっかり冷えきった私たちは、友人が予約してくれていた会場に着いて、大きな風呂に入り、ぬくもった。

私たちは今日、玉川上水を歩いた。冬の日ざしの中を、ずっと歩いてきた。そして、その途中で、さまざまな風景に出合い、その中でいろいろな話をした。それはぼんやりとした、切れ切れのものではあるが、冬の道とともに忘れないだろう。

武蔵野文庫

「武蔵野」　國木田独歩

〈武蔵野〉が文学的に語られるようになったきっかけは、やはり國木田独歩の『武蔵野』（一九〇一）が大きなきっかけになっているだろう。独歩は渋谷村、今のＮＨＫのあたりに住んでいて、一九〇〇年ごろは、そこはもう武蔵野だったのである。そして都市のはずれ、〈郊外〉が意識されるようになる。『武蔵野』は東京が〈郊外〉に関心をもちはじめた時期に書かれたのである。

独歩がそこで書いているように、〈武蔵野〉の自然を見出すのはロシアの作家トゥルゲーネフを通してである。つまり江戸時代の武蔵野ではない、モダン都市の〈武蔵野〉なのだ。

私が武蔵野を歩き出したのも、この本がきっかけである。次のような文章に励まされる。「自分は武蔵野を縦横に通じている路は、どれを選んで行っても自分を失望させないことを久しく経験して知っている。」

私は、いつもこの本にもどってくる。この本が単なる自然描写ではなく、一九〇〇年における新しい都市論であることに気づいたのである。私は『モダン都市東京』で都市の東京を歩いた。それにつづいて郊外の東京を歩いてみたいと思うようになったのである。独歩は、江戸と東京では武蔵野がちがっていることに気づいている。

「昔の武蔵野は萱原のはてなき光景を以て絶類の美を鳴らして居たように言い伝えてあるが、今の武蔵野は林である。林は実に今の武蔵野の特色といっても宜しい。」

新しい武蔵野の特色は雑木林である。落葉樹が中心で、冬は落葉し、春は緑に萌える。そのような季節の変化は、それまでの松林などの常緑の風景を愛でていた感覚とはちがっているのである。

いつ読んでも、この本には新しい発見があり、また武蔵野を歩きたいという思いを起こさせる。

（岩波書店　一九三九年）

緑道が続く玉川上水

「独歩の碑」を経て三鷹まで

前回、鷹の台から拝島まで玉川上水をさかのぼったので、今度は鷹の台から下ってみることにした。

鷹の台駅から地下道をくぐると中央公園に出る。それを抜けると玉川上水の北岸の道だ。真夏の雲一つない猛暑の日だが、緑が鮮やかで、こんな日に汗を流しながら歩いていくのも悪くはない。

久右衛門橋に出る。ここを南北に走るのが府中街道である。この橋の少し南に「ふれあい下水道館」があるというので寄ってみることにした。小平市公共下水道管理センターの展示館で、これが意外と面白かった。江戸以来の下水道の歴史が説明されているだけでなく、地下五階に下りていくと、本物の巨大な下水道管の内部に入っていける。

東京のアンダーワールドはこのようになっているのか、とあらためて実感させられた。なにごとも上から見ていただけではわからないものだ。

地上にもどり、玉川上水にもどって、そのまた脇を下ってゆく。両側には木々が繁っていて、橋の上からでないと水面は見えないが、水音が聞こえてきて、暑さの中で涼しさが感じられる。北岸に津田塾大学、一橋大学分校のキャンパスがつづいている。その先に、小平市平櫛田中《ひらくしでんちゅう》彫刻美術館がある。

平櫛田中は、高村光雲の弟子で、台東区に住んでいたが、晩年（一九七〇年）に小平市に移り、一九七九年、百七歳で没するまでここで過ごした。その旧宅が保存されていて、見ることができる。展示館では彼の作品を楽しめる。それにしても百七歳まで制作しつづけたことにおどろかされる。この年まで、最後の最後まで仕事ができたらいいな、とうらやましく思ったり、まだまだがんばりたいな、と励まされるような気がしたりする。

そういえば彫刻家は長生きの人が多い。昼の光で仕事をするので、健康的であり、身体全体を使うので運動となる、といった話を聞いたことがある。ところが文筆家は夜、仕事をするし、手先しか使わないから健康的ではないのだそうだ。

彫刻家の元気をいくらかもらって、玉川上水にもどる。桜の木がつづく。

彫刻美術館の少し手前ぐらいで南から五日市街道が近づいてきて、玉川上水の南岸（右岸）沿いに通っているのだが、面白いことに喜平橋のところで、街道は橋を渡って北岸沿いになる。喜平橋では国分寺街道と交叉している。

五日市街道が小金井街道と交叉する小金井橋の手前に海岸寺がある。このあたりを開拓した人々が招いた寺だという。ひっそりして、すがすがしさを感じさせる境内で、暑さをしばし癒した。隣が秋葉神社である。海岸寺の前に小金井桜植樹碑がある。小金井の桜は、八代将軍吉宗の時代にはじまるという。江戸後期には花見の名所となった。新田の開拓がこのあたりまでのびてきたのである。観光と開発の関係が興味をそそる。

大正十三年（一九二四）、平櫛田中彫刻美術館の前の商大橋から境橋までの六キロが名勝に指定された。一九二〇年代は近代観光のはじまりなのである。

小金井橋を過ぎると、北側は小金井公園の大きな緑地である。その中に「江戸東京たてもの園」がある。いつも、ここに寄るのが楽しみだ。正面の展示館に入ると、「建物と夏」という展覧会をやっていた。いかにも夏にふさわしく、日本の建築が高温多湿の夏をいかに涼しく過ごすかにどんな工夫をしてきたかが示されている。江戸の町家から、近代建築までの技が面白い。先日、軽井沢で見たアントニン・レーモンドの別荘の写真が出ていた。

展示館を出ると、江戸から近代までの建築の実物が移築再現されている。まず正面に並んでいる田園調布の家（大川邸）、前川国男邸、小出邸という三つのモダン建築を見てゆく。一九二〇年代から一九四〇年代までの、日本と西洋近代をなんとか一つにまとめたいと思った建築家の思いが感じられる。

その西には、江戸の建物、農家などのゾーンがある。アール・デコ風の常盤台写真場は私の好みであるが、すごいのは三井八郎右衛門邸である。明治の豪商のぜいたくさが伝わ

彫刻美術館になった木彫家・平櫛田中の旧居

ってくる。特に私室に贅をつくしている。なにしろ、こっそりとであったろうが、天皇の暮らしをまねているのである。

東のゾーンには、下町の商店街が再現されている。ちょうどお昼なので、蔵造りの商家の二階にあるうどん屋で〝梅ザル〟を食べた。梅肉の入ったザルうどんである。ひんやりして生き返った。

商店街では懐かしい駄菓子屋や、酒屋が並んでいて、正面に「子宝湯」という銭湯がある。今日のような暑い日には一風呂あびられたらいいな、などと思うが、もちろん博物館だから、そうもいかない。

入り口の方にもどってくると、大きな屋敷がある。明治の元老高橋是清の邸である。一九三六年の二・二六事件の時、この二階で彼は襲われたという。歴史的建築なのであるが、さっき見た三井八郎右衛門邸と比較して見たくなる。政治家の家と、商人の家のちがいだ。高橋邸は広いが、応接間（洋間）、客間（和室）などがぜいたくにつくられている。これに対して、三井邸は、寝室や居間など私的な部分に金を使っている。

江戸の商人はぜいたくを禁じられたので、羽織の裏など見えない部分に贅をつくしたという。明治建築にも、これがいえるかもしれない。

たてもの園でさまざまな時代にタイムトリップした後、小金井公園を歩いた。夏の午後、木の下のベンチや芝生の上で休憩している人たちがいる。ルノワールの絵のような眺めである。私もそれに混じって、絵の中を散歩する。心をふさいでいたいくつかの思いが晴れてゆき、今ここを歩いていることが大事に感じられる。暑さも流れる汗もすべてよしである。公園を抜けて、再び玉川上水に出る。しばらく下っていくと、境橋のところで五日市街道は北東へ、玉川上水は南東へと分かれる。千川上水もここで分かれる。かつて、このあたりは、いろいろなものの境だったのではないだろうか。国木田独歩などの〈武蔵野〉というのはこのあたりのようだ。

境橋から井の頭公園のあたりにかけては、国木田独歩、太宰治、森鷗外、山本有三、武者小路実篤など文学者のゆかりの地が多く、〈文学の武蔵野〉である。

境橋の次は、うど橋である。この北に、この地の特産物うど畑が多い。東京うどは、このあたりで栽培されていたという。

うど橋のところに、うどの碑があり、「武蔵野は　月の入るべき隈もなし　草より出て草にこそ入れ」という古歌が刻まれている。

うどは独活《うど》と書くが、独活橋の次に独歩橋があるのも、なんとなくおかしい。その次が桜橋で、ここに国木田独歩文学碑がある。「武蔵野を歩く人は道に迷うことを苦にしてはならない。どの路でも足の向く方へゆけば必ずそこに見るべく、聞くべく、感ずべき獲物がある。」と『武蔵野』の一節が刻まれている。独歩橋の南の境山野《さんや》公園は〝独歩の森〟と呼ばれている。

若葉から青葉、青葉から錦秋へ　玉川上水遊歩道

桜橋の少し先に行くと左手に境浄水場が現われる。そのはずれの大橋は武蔵野市と三鷹市の境になっている。

浄水場を過ぎると、北側に西久保公園、野鳥の森公園と点在している。いずれも大きくはないが、大きな木が繁り、原生林のように自然の面影を残していて、しばし緑陰にひたっていたいような公園だ。武蔵野の消えのこった小さな森なのだろう。

もうすぐ三鷹駅なのだが、私はなんとなく名残り惜しくて、大橋からまた独歩橋の方にあともどりしてみた。くぬぎ橋のあたりまで来た時、急にのどがかわいているのに気づいた。どこかでコーヒーを飲みたいと思ったら、喫茶店が見えた。いや喫茶店が見えたので、飲みたくなったのかもしれない。その店はどこか見覚えがあった。前に来た時も寄ったような気がする。

「くすの樹」という洋館風の喫茶店で、入ると、あめ色のクラシックなインテリアのカフェであった。暑さの中を歩いてきた後で、コーヒーがしみるようにおいしかった。いつか来た時に入った店に、今日また入ることができた。そんな淡いご縁がうれしくなる。

また、目がくらむような夏の日の中に出て、三鷹駅に向かって歩いていった。橋をめぐり、木々の下闇を抜け、せせらぎを聞き、日なたではしぼるような汗をかき、暑さにぼんやりしたり、涼風にふと生き返る気分になったりしながら、ひたすら玉川上水を下っていった。

三鷹駅の手前で、玉川上水は地下に消える。ＪＲ中央線をくぐり、駅の南側でふたたび現われる。三鷹駅北口の広場に出る。今日の武蔵野散歩はここで終わりにしよう。

　駅前にあるなじみの古本屋に寄ってみたが、あいにく店は閉まっていた。出会いがあり、会えないこともある。だから、あまり残念がらないようにしよう。玉川上水の流れのごとく、日々をゆったりと、淡々と流れてゆきたいものだ。とはいっても、なかなかそこまで悟ることはできず、日々の小さな雑事の中で、くよくよと悩みつづける。思いに沈みつつ、ただ歩きつづけるしかできない。

　駅前には独歩の詩碑がある。その前に車がとまっていて、だれにも気づかれず、ひそんでいる。「山林に自由存す」と刻まれている。独歩も、さまざまな思いにとらわれ、暗く沈み、自由を求めて武蔵野を歩いたのだろう。都市に閉ざされて、私たちはそこから脱出するために外に出る。「山林に自由存す」——独歩の時代より、都市はさらに広がり、巨大になり、山林ははるかに遠くなってしまったが、それでも私たちは山林を、自由を求めて歩くのである。

流れに歴史を映す玉川上水
三鷹から井の頭公園へ

今日は三鷹駅から玉川上水を下ってみることにする。三鷹駅の北口で玉川上水は地下にもぐるが、南口に出るとまた現われる。

三鷹駅南口は、このところ太宰治の生きた街として文学散歩コースが整備されている。駅前から中央通りがまっすぐ南下しているが、それに斜めに交叉しているさくら通りに入ると「太宰治文学サロン」が最近オープンした。太宰が通った「伊勢元酒店」があった場所である。ここで「三鷹太宰治マップ」を手に入れる。

せっかくなので、少し回り道をして禅林寺に寄り、太宰の墓に詣ることにした。中央通りを南へ下り、連雀通りを西へ曲がると禅林寺である。門をくぐると森鷗外の碑がある。「余ハ石見人森林太郎トシテ死セント欲ス」という遺書が刻まれている。文豪として栄光を極めても、死ぬ時は、ふるさとにいた時の初心にもどろう、というのであろうか。

本堂の裏の墓地に出ると、林太郎の墓の近くに太宰治の墓があった。六月十九日は、ここで桜桃忌が営まれる。太宰は桜桃が好きだったという。

鷗外と太宰がここに眠っている。その生き方も、死に方も対照的だ。太宰は「津軽人津島修治として死にたい」とは思わなかったろう。

それから三鷹駅前にもどった。昼どきなので食事をしたいと思ったが、途中に弁当屋があったので一つ買った。

さて、三鷹の文学マップや資料は手に入った。弁当とお茶もそろった。いよいよ出発である。風のない小春日和のような冬の日であった。玉川上水沿いの桜並木は葉が落ちて、鉄のように幹や枝がにぶく黒光りしていた。

駅のそばの三鷹橋から次のむらさき橋までの間に、白い石が置かれていた。太宰のふるさと青森県五所河原市金木町産の玉鹿石であると説明板にある。そこには書かれていないが、一九四八年、太宰が山崎富枝とこのあたりで入水したらしい。そのことを悼んで、金木の石をここに置いたのである。

今は、水量も少なく、水面が見えないほど草木が茂っているから、ここから身投げをするなどと想像できないが、かつては激しい流れだったという。

むらさき橋を過ぎてしばらく行くと、右手にモダンな洋館が見える。山本有三記念館である。私はこの建物が好きで、この道を通る時はいつも寄ることにしている。庭では年配の女性のグループが写生会をしていた。

この建物は一九二六年に地元の金持ちの別荘として建てられたが、一九三六年に山本有三が買って住んだ。戦後、進駐軍に接収されるが、後に東京都に寄附され、一九九六年に山本有三記念館として公開されるようになった。

太宰が三鷹に移ってきたのは一九三九年である。山本有三が三鷹に住むようになった頃はまだ三鷹は隠れ里のようなところだったらしいが、郊外住宅が発達し、太宰が来た頃は、開発がはじまったニュータウンのような荒々しい雰囲気になっていたらしい。

記念館の向かい側には北村西望彫刻館がある。とても広いので、今日は寄らなかった。

万助橋に出る。吉祥寺通りで、井の頭公園の入り口である。このあたりには武蔵野の森が豊かに残されている。玉川上水は人工の川であるからなるべくまっすぐ掘られている。だが、万助橋から左右に蛇行するようになる。どうやら地形がかなり複雑で、まっすぐな水路は困難であったらしい。

さて、私は弁当とお茶を買って、そのままずっとぶらさげてきたが、すっかり忘れていた。弁当を開くのに適当な場所がなかったせいもある。井の頭公園の西のはずれにさしかかると、林の中にベンチが置かれている。

急に空腹を感じて、私は腰を下した。買ってきたチキン照焼弁当を開く。武蔵野の冬の日の中で食べる弁当は、なぜかとてもぜいたくな気がした。

お茶を飲みながら、持ってきた太宰の『新ハムレット』の文庫本を開いた。この中の「乞

児童図書館に代わった作家・山本有三の旧居

食学生」には三鷹のことが出てくる。太宰は頼まれた小説を書き上げると駅前の郵便局に出しに行って、その帰りに玉川上水沿いを散歩する。

「だんだん歩調が早くなる。流れが、私をひきずるのだ。水は幽かに濁りながら、点々と、薄よごれた花びらを浮かべ、音も無く滑《すべ》り流れている。私は、流れてゆく桜の花びらを、いつのまにか、追いかけているのだ。ばかのように、せっせと歩きつづけているのだ。その一群の花弁《はなびら》は、のろくなったり、早くなったり、けれども停滞せず、狡猾《こうかつ》に身軽くするする流れてゆく。万助橋《まんすけばし》を過ぎ、もう、ここは井の頭公園の裏である。私は、なおも流れに沿うて、一心不乱に歩きつづける。この辺で、むかし松本訓導という優しい先生が、教え子を救おうとして、かえって自分が溺死《できし》なされた。」（新潮文庫）

私はちょうど、ここに書かれたあたりにいる。松本訓導の碑が、万助橋から少し下流の左岸にある。大正八年（一九一九）の出来事である。

「乞食学生」にはひやりとするところがある。語り手は、松本訓導の事件を思い出していると、玉川上水を人が流されているのを見る。必死に追いかけると、一人の少年が水から上がってくる。泳いでいただけであった。

〈私〉は少年に、ここで泳いではいけない、危険な人喰い川だから、といい、また東京の人々の飲み水なんだから、という。

この小説は一九四一年に出された。そして一九四八年に、太宰はこのあたりで溺死した

“人食い川”と呼ばれた太宰治が入水した玉川上水

のである。この少年は彼の分身であり、彼の死を予告していたのではなかったろうか。自分の未来が見えることがあるのだろうか、などと思いつつ、私は雑木林の中に沈みこんでいる玉川上水の暗い流れをのぞきこんだ。

ほたる橋、幸橋と橋をたどっていく。幸橋を東へ行ったあたりに武者小路実篤の旧宅があるということであったが、見つからなかった。井の頭公園の周辺には文人たちがよく住みついていたようである。

新橋のあたりで流れは大きく曲がっている。太宰の遺体はここで見つかったという。太宰と山崎富枝は一九四八年六月十三日に行方不明となった。そして六月十九日に発見された。入水したとされる場所から発見された場所まで千メートルぐらいだ。その間の一週間どうしていたのか謎である。

右に左にうねりながら水流を下ってゆく。松かげ橋、井の頭橋、若草橋、宮下橋……玉川上水は羽村から四谷大木戸まで四十三キロといわれるが、若草橋の手前で、羽村から二十九キロという。

東橋、長兵衛橋、そして牟礼橋《むればし》、牟礼橋には人見街道が通っている。すぐ横に、〝どんどん橋〟と呼ばれた旧牟礼橋がある。

兵庫橋の次が岩崎橋だ。庄ちゃん橋といわれていたが、橋のたもとに岩崎通信社があるので、岩崎橋となった。通信社というとニュースの配信を思わせるのだが、通信機の会社のようだ。向かい側に岩通ガーデンがある。小さな庭園だが、武蔵野の面影を残している。

岩崎橋を松葉通りが通っている。このあたりは久我山である。近くの国学院久我山高校はラグビーが強い。その南の方に烏山寺町がある。江戸の寺は、火事が多い市中を逃れて移ってきて寺町をつくった。何年か前に烏山寺町を歩いた時、高源院という寺の池が目黒川の源と聞いたことがある。武蔵野は水流によって江戸東京に結ばれていたのだ。

玉川上水は牟礼橋のところで三鷹市から杉並区に入っている。そして岩崎橋の先の浅間橋で、突然、川はなくなってしまう。中央自動車道にぶつかるところである。

玉川上水はどこに行ってしまったのか。それは四谷大木戸まで四十三キロあったはずだが、三十一・五キロで中断している。

玉川上水は、ここから地下に入り、井の頭線高井戸駅のあたりで神田川に流れているらしい。井の頭公園の池から発する神田川は玉川上水の東側をほぼ平行して流れている。

玉川上水の下流は、東京の飲料水として使われなくなり、浅間橋までは風景として残されたが、あとは埋められてしまった。だから、私の玉川上水の旅もここで終わりなのだが、この先はかつて、どのように流れていたか気になるところだ。

調べてみると、浅間橋を通っている中央自動車道はここから甲州街道に出るまで、かつての玉川上水の水路に沿ってつくられたらしい。それから、ほぼ甲州街道に沿って玉川上水は東へ向かう。平行して通る京王線になぜ桜上水という駅があるのか理解できる。代田橋というのも、玉川上水の橋だった。

さらに甲州街道と京王線のコースに沿って新宿に達し、新宿通りに沿って新宿御苑の脇を通り、四谷大木戸に達し、多摩川の水を江戸に届けていたのである。

それらの水路は失われてしまった。桜上水、代田橋といった地名だけにそのかすかな記憶をとどめるのみである。

私は今日、三鷹市の玉川上水を歩いてきた。杉並区に入ってそれは消えてしまった。

玉川上水は承応二年（一六五三）に開かれた。人間の飲み水のために人工の川がつくられたのである。しかし数百年の時の中で、それは自然になじんでいき、一つの風景になったのであった。だが、それは不要となり、人間の都合で廃されてしまった。

しかし、まったく跡かたもなく消されたわけではなく、その多くの部分が復元され、保存され、私たちは、その記憶をまた甦らせることができる。今の玉川上水に沿って歩いてきて、その行き止まりに達し、なにか割りきれない思いを抱いて私は立ちつくしていた。

だが、そこから地下に消えた玉川上水について想像力の旅をすることによって、私は〈玉川上水〉を完結させ、貫通させたいのだ。

私は人工の川をたどり、それが自然と人間を結びつけてくれることを見てきたような気がした。

武蔵野文庫

『武蔵野に炊ぐ』 斎藤清衛

国文学者の武蔵野エッセイである。著者は広島から東京に出てくる。一九三〇年代のはじめに千歳村に住むようになる。ちょうど小田急線が開通したところであった。この本の題にもなっているように、武蔵野で自炊生活をしようとした、とあるから単身で引越してきたようだ。

この本を出すきっかけは、五年ほど暮らして、この地にも慣れた時、東京市世田谷区に編入されることになったが、千歳村という地名がなくなってしまったことであった。それを惜しみ、千歳村の記憶を残すために、この本を出したというのである。一九三〇年代、東京が大きく変わっているのがわかる。地名だけでなく、自然もどんどん失われていっているのだ。

「かうした手記を以て、葬り去られた千歳村に対する挽歌であると云ふやうに広告はしたくないとしても、この土地と同じ運命を辿ってゐる多くの日本農村のために、それは、また深い有機的な交渉を持つものであるといふことを信ずる者である。」

一九三〇年代、一九二九年からの世界恐慌の中で日本の農村はどうなるのかという心配が広まった。そのような背景をこの本に読みとることができる。小田急などの私鉄が武蔵野にのびてゆく。それによって村がなくなってゆく。

そのような危機感から、村の記憶を残したいという思いが伝わってくる。私鉄の駅前風景などが鮮やかに記述されている。

「町の外貌が判を捺した様に一つの型に嵌りきってゐる。酒屋、醬油屋、野菜屋、肉屋、肴屋、菓子屋、洋品店、薬屋、荒物屋、下駄屋、煙草屋――かうした日用品店以外に、一戸建の理髪店、新聞配達所、電燈会社散宿所、洗湯等が添うてゐる。」

失われた地名、失われた町への懐かしさを思い出すために、私たちはまた街を歩いてゆく。

（黄河書院 一九三七年）

深緑の並木道

府中から武蔵小金井へ

梅雨の合い間の青い夏空がまぶしいほどであった。私は府中市美術館に行くことにした。そして府中の森公園を散歩して、それからはなり行きで歩くこととした。

府中駅を出るとケヤキ並木が緑のトンネルのようだ。すぐに東へ曲がる。桜通りである。桜の季節は見事であるが、そうでない時も風情のある通りで、桜の古木に、粉をはたいたような苔が青白く光っている。

イチョウ通りを渡ってさらに進むと小金井街道に出るが、それを渡って細道をさらに東へ行くとアカシア通りに出る。その東が府中の森公園である。ゆったりと時が流れている。私の好きな空間だ。乳母車を押す母親、裸で水遊びをしている子ども、ベンチに座っている人、ゆっくりと歩いている老人……。

ちょっと憂うつなことがあり、沈んでいた私の心も明るくなってくる。公園の中を私も歩いていく。幸せそうな子どもたちとすれちがう。私は彼らにほほえむ。だれも見てはいないが……。

公園の北の端に府中市美術館がある。ドイツのインダストリアル・デザイナーのディーター・ラムスの展覧会をやっている。シンプルで堅実なドイツ・デザインの象徴のような、ブラックとシルバーの、しぶいデザインである。かつては、これが究極の最新のデザインと思われた。それがちょっと古びて、クラシックな感じを持つようになった。ラムスのデザインにわくわくした頃が懐かしく甦ってくる。

私はミュージアム・ショップで『百年前の武蔵野・東京』を買った。この美術館所蔵の明治の画家による武蔵野と東京の風景スケッチである。明治二十六年の府中駅などが描かれている。

外に出ると、さわやかな夏の日である。公園の樹々の下で陶器市が開かれていた。飯茶わんで気に入ったものがあった。でも、大きすぎるようだった。こんな茶わんにいっぱい盛って食べてみたいと思ったが、そんな年は過ぎてしまった。

公園の休憩所で、私はコーヒーを飲んだ。天然酵母のメロンパンというのがあったので一つ食べた。甘みが控え目でなかなかおいしかった。涼しい風が心地よい。

さて、これからどう行こうか。府中の森の東にある浅間山公園に寄ってみることにした。前に来た時は大雨で、まわりが見えなかった。あらためて歩き直したい。府中市美術館の北側を通る一本木通りを東に向かうと新小金井街道に出るが一本木通りは突然、終わってしまう。細い道を抜けると、また広い道路に出る。どうやら、この間の土地の買収がうまくいかないのか、道路工事が中断したままである。

樹々が繁った小山が見える。東南のふもとに人見稲荷がある。その脇を北へ登っていくと、切り通しの坂になっていて、右側が多磨霊園で、左側が浅間山である。左手に上がっていくとすぐに浅間山の頂上で、小さな祠《ほこら》がある。浅間神社である。

なにしろ浅間山は海抜八十メートルで、ふもとからは三十メートルの高さしかないので、山というより丘であるが、まわりに他に高いところがないので、ここからの見晴らしがいい。もっとも今は木が繁っていて、まわりは見えないが、西側に木立ちが切れているところがあり、そこから富士山が見える。

浅間山のまわりを人見《ひとみ》ヶ原という。人見四郎という武将がいたからという。南北朝の時代、このあたりで合戦があったといい、人見ヶ原古戦場と呼ばれている。浅間山はその際の拠点であった。

浅間山は、前山、中山、堂山という三つの丘からなっている。浅間神社のあるのは堂山である。また、この山はムサシノキスゲの唯一の自生地で、五月には黄色い花におおわれるという。もう花は終わってしまっていた。ニッコウキスゲの変種で低地に下りてきたらしい。

山の北西のふもとには水手洗《おみたらし》神社があった。湧水を囲った祠で、弥都波能売神《ミズハノメノカミ》を祀る。

東京随一の桜の名所　武蔵小金井公園

そばにイヌツゲの古木がそびえていた。このあたりは非常に水が豊かな土地である。

山を下りて新小金井街道に出る。それを北へ進むと、府中の森の西側を通っていた小金井街道と交叉する。ここで小金井街道に入り、武蔵小金井に向かう。このあたりは植木屋の多いところで、さまざまな花や木をぎっしりと植えた園庭がつづいている。いつも府中から武蔵小金井行きのバスで通るのだが、歩いても面白い通りだ。

やがて川を渡る。野川である。武蔵野の川の代表のような野川は、あちこちに現われては消える。野川を渡ると多磨霊園からくる霊園通りと合し、前原坂にさしかかる。二つの通りの合点に、金井原古戦場跡の碑がある。人見ヶ原古戦場と同じ戦いの時の跡である。

ところで、それはどんな戦いだったろうか。ここで私は勘違えをしていたことに気づいた。京王線府中駅の次の分倍河原駅の前に騎馬武者の銅像がある。新田義貞像である。近くに分倍河原古戦場碑がある。私は、これらの古戦場は同じ戦いのものと思っていた。最もよく知られている分倍河原の合戦は、一三三三年、新田義貞が上野に挙兵して鎌倉に向かい、ここで鎌倉勢を撃破した戦いで、鎌倉幕府の終末をもたらしたといわれている。

しかし、義貞は足利尊氏との権力争いに敗れ、一三三八年に没した。その後、義貞の遺児義興・義宗が挙兵し、将軍となった足利尊氏の軍と戦う。一三五二年の武蔵野合戦と呼ばれる。その時の古戦場跡が人見ヶ原や、金井原なのである。分倍河原では新田義貞が、人見ヶ原では息子の義興・義宗が戦っており、二つの戦いは二十年近くへだたっているが、場所が割合近いので、私は同じ戦いと思っていたのであった。

二つの戦いが多摩沿いの、一駅しか離れていない場所であったことは、このあたりが鎌倉に攻め込むための重要な地点であったことを示している。

金井原古戦場の碑を見てから、野川沿いに少し東へ行くと天神橋があった。ここを北へ折れると小金井神社がある。小さいが静かな雰囲気の境内で、菅原道真を祀った学問の神社である。正面に茅《ち》の輪がある。この輪をくぐると夏の病いをはらい、長生きをするそうだ。私もくぐって、神社におまいりする。

この神社の裏に、武蔵野段丘の崖下から湧く地下水に沿ったハケの道がある。私が好きな道であるが、いつかゆっくり歩くことにして、武蔵小金井駅に向かう。途中、金蔵院に寄る。隣の西念寺のそばにある墓地に小金井小次郎の大きな墓がある。幕末のヤクザの大親分である。このあたりでヤクザの小金井組が勢力を誇っていたのは、交通の要地として栄えていたからだろうか。

墓地の脇を細くて急な坂が上ってゆく。妙貫坂という。明治の頃、妙貫という僧の庵があったという。それを上ると小金井街道に出る。武蔵小金井の駅前商店街である。ここは〝六道の辻〟といわれ、多くの道路が集まっていた。武蔵小金井駅の踏切は、あかずの踏切といわれ、ラッシュアワーの時は、渡り切らないうちに信号機が鳴り、お年寄りがはねられたといった事故があった。今は少し改良されつつある。

私は、いつもここにくると駅前の古本屋をのぞくことにする。今日も寄ってみたが、あいにく休みであった。前原坂までもどり、バスで府中にもどろうとしたが、前原坂上から細い道が前原坂の西側にのぞいていたので、そこを下りてみることにした。前原坂をはさんで東に妙貫坂、西にもう一つの坂があるのだ。道標には質屋坂とあった。面白そうである。細くて曲がりくねっている。

まん中をバスが通っている、広くてまっすぐな前原坂は新しくつくられた道路のようだ。質屋坂こそ、かつて志木から府中まで商人が往来した志木街道の旧道であったらしい。このあたりが最も急で、荷を運ぶのに難儀したという。

坂の途中に下小金井村の「星野家」が幕末から明治に質屋を開いていたので質屋坂といわれた。また道筋が鎌のように曲がっているので〝鎌坂〟ともいったそうだ。坂を下りきって右に入ると、秀吉の時代にできたという前原神明宮があった。

いつも前原坂を通っていたけれども、その裏側にこんな歴史的な坂がひそんでいようとは気づかなかった。バスでまっすぐな道を通っているだけではわからないのだ。

今日、歩いてみて、私は質屋坂を見つけた。なんだか得をしたような気がする。そして、二つの古戦場の跡を歩いて、前に行った分倍河原古戦場とのちがいを知ることができた。帰ってから『太平記』を開いてみると、「武蔵野合戦の事」という章があり、くわしく記されていた。

「新田・足利両家の軍勢五十万騎、武蔵野の小手指原《こてさしはら》に打ちのぞみ、三度時の声をぞ揚げたりける。」

「血は馬蹄に蹴かけられて、紅葉に洒《そそ》ぐ時雨《しぐれ》の如く……」

浅間山のまわりでそんな血戦がくりひろげられていたのだ。小手指原は今の所沢であるが、戦いは金井原、人見ヶ原であったらしい。

そこを歩いてみると、『太平記』があらためて面白く、鮮やかに見えてくる。南北朝の歴史を武蔵野の地図を開きながら、読み直してみたいと思ったりする。

質屋坂を下りると野川に出た。また小金井街道に出て、バスに乗った。

今日は、ドイツのモダン・デザインにはじまって南北朝の合戦まで、なんだか、いろいろな国や、いろいろな時代がごちゃまぜの武蔵野めぐりであった。夏の暑い日ざしの中を汗を流して歩きまわったけれど、ある意味ではとてもぜいたくな旅であったかもしれない。なぜなら、私は武蔵野の地下を流れる豊かな水を感じていたからだ。そういえば、小金井というのも金の井戸という意味であった。

文人たちが愛した雑木林

芦花公園、実篤公園

年の瀬のあわただしさをほんの一刻逃れて、文学散歩をした。

京王線の芦花公園駅で下りる。千歳通りを南へ行くと、世田谷文学館がある。今は特別展はやっていないが、世田谷百年の文学の常設展示をのんびり見る。そして館内の喫茶「どんぐり」でコーヒーを飲んだ。円形の中庭を囲むようにつくられていて、その中庭がなかなかいい。

クリスマス・ソングが流れている。客は私一人だ。この時期にここに座っているのは、とてもぜいたくなのかもしれない。ずっとぼんやりしていたかったが、散歩ははじまったばかりなので立ち上がる。

文学館を出て東へ向かうと環八通りに出る。それを南へ下ると芦花公園である。ここには恒春園という徳冨蘆花の旧居がある。蘆花の作品は厖大であるけれども、いつまでも読まれているのは『自然と人生』と『みみずのたはこと』というエッセイである。

彼は明治四十年から昭和二年（一九〇七〜一九二七）までこの地に住んだ。彼と国木田独歩は、〈武蔵野〉という郊外を発見したのであった。恒春園には母屋と二つの書院があり、蘆花記念館がある。

母屋の座敷に座って、文庫版の『みみずのたはこと』を開いてみる。

「彼等が東京から越してきた時、麦はまだ六、七寸、雲雀の歌も渋りがちで、赤裸な雑木林の梢《こずえ》から真白《まっしろ》な富士を見せて居た武蔵野は、裸から若葉、若葉から青葉、青葉から五彩美しい秋の錦となり、移り変わる自然の面影は、其日々々其月々々の趣を、初めて落着いて田舎に住む彼等の眼の前に巻物の如くのべて見せた。」（岩波文庫）

蘆花がこの地に移ったのは、トルストイに会い、その思想に共鳴したからであるという。自然の中で生活し、地を耕すことを決意したのである。文筆を一たん捨てて快適な文明生活を離れ、農業を目指した。四十歳にして安定した日々に訣別したのであった。それにつき合った愛子夫人も偉かったと思う。

最初は粗末な母屋だけであったが、やがて表書院を増築し、さらに奥書院を建てた。奥書院ができた一九一一年には大逆事件が起こり、幸徳秋水が死刑となった。その判決に反対して、蘆花は、奥書院を秋水書院と名づけたという。

一九一三年、田園生活の記録『みみずのたはこと』を出した。自宅を恒春園と称した。

一九二四年には夫婦で世界旅行の旅に出た。一九二七年、病いに倒れ、伊香保で療養したが、そこで没した。伊香保の蘆花記念館にも行ったことがある。

感情が激しい人で、しばしば人と争って絶交した。兄の徳富蘇峰とも仲たがいをくりかえしたが、死の直前、仲直りした。旧居のそばには蘆花と兄の墓碑があるが、そこに記された蘇峰の文章がほろりとさせる。君はまじめで、決して世間と妥協しなかった。しかも人に多くを施し、人間を愛した。感情が泉のように豊かで、つねにまっすぐに生き、真善美を好んだ。そして、この林に眠っている。それは本人の遺志であるとともに、また村人の志でもある――こんなふうな意味であると思う。

墓標のまわりは茶色い落葉で厚くおおわれている。私はその上をさくさくと歩いていった。都会を捨て、当時は淋しい田園でひっそりと世の中に背を向けて、孤独に生きた。

だが、その人の思い出はずっと残っていて、この地は芦花公園として知られ、駅名としても伝えられ、毎日、何度もその名がアナウンスされているのだ。彼がつくった恒春園は、今も生きつづけている。人の一生は短いが、その中には花の種のようなものがあって、毎年毎年、花を咲かせていくのではないだろうか。

芦花公園を出て、西へ向かう。東京ガスの球型のタンクが並んでいる。上祖師谷を抜けて、甲州街道に出る道なのだが、まだどうも未完成らしく、途中から急に狭くなる。その割に車の交通量が多く、歩道がないので歩きにくい。

駒大グランドの先で川を渡る。仙川である。このあたりはやたらとグラウンドが多い。開発しかけてやめてしまったような奇妙な通りである。昼時なので、古びた天ぷら屋に入った。野菜の天ぷら定食を食べた。昭和三十年代から変わっていないような安さである。

やがて見覚えのある交叉点に出た。桐朋学園の角である。仙川駅からつづく商店街のはずれだ。たまに寄る古本屋が近い。その角から南へ曲がり、桐朋の裏にまわりこむ。このあたりは調布の寺町といわれ、寺が多い。千歳烏山駅の北には烏山の寺町があるが、その次の駅仙川の南には調布の寺町があるのだ。密集して公害の多い東京から郊外に移されてきた寺院群である。

その寺町を抜けて、曲がりくねった道を南東に進む。若葉町といわれるこのあたりは、坂が多い。やがて坂を下るとバス通りに出る。これは仙川駅からくる通りで、私が通ってきたのはその脇道であったらしい。しかし実は、この道こそが甲州街道に通じる古くからの道で、まっすぐなバス通りは新しい道なのである。

坂道は大坂といわれ、明治時代には野菜を積んで東京へ向かう荷車が通る道で、坂がきつい難所であったという。このあたりは地形の起伏が大きく、また、あちこちに武蔵野の名残りをとどめる緑地がある。それらの変化が歩いていて、実に面白いところだ。

京王線の駅でいうと、東から西へ芦花公園、千歳烏山、仙川、つつじヶ丘とつづいている。山、川、丘となっていて、凹凸が駅名にも反映されている。

独歩が恋人と歩いた雑木林

大坂からバス通りに出て、少し南西に行ったところの明照院に寄った。隣に糟嶺神社があり、どちらもなかなか雰囲気がある。

バス通りにもどり、それを渡って北へ向かう。ここは東つつじヶ丘という町で、さっき下りてきた若葉町との間に谷がある。そこに入間川がひっそりと流れている。かつてはもっと大きな川で、この谷を刻んだのだろう。このあたりは武蔵野崖線といわれる段丘のはずれらしい。京王線で新宿から調布に向かってくると、つつじヶ丘の手前で谷が深くなっている地形を見ることができる。

今日はそこを歩きまわっているのである。丘を上がったり、下りたりしているうちに迷ってしまった。これから行こうと思っているのは、若葉町の高台にある実篤公園なのだ。だいたいの方角を見定めて、谷に下り、入間川を渡り、若葉町の側の高台に登っていく。すると、ぴったり実篤公園の塀のところに出た。前に来たことがあるので、塀のすき間からのぞく庭をおぼえている。

ところが、どうしても入り口が見つからない。前は、つつじヶ丘駅から歩いてきて、入り口に達したが、裏手に出たので、いくらあたりをめぐっても、どんどん公園から離れてしまうのである。結局、かなり大まわりをして、やっと入り口に達した。着いてみれば、はじめのところからすぐであったのだが……。

しかし、迷うというのは、珍しい道を見つけたりして、悪くはないのである。ガイドブックの地図通りだったら、同じものしか見えはしない。

実篤公園は武者小路実篤が晩年に住んだ「仙川の家」を公園とし、武者小路実篤記念館を併設したものである。実篤は昭和三十年（一九五五）、七十歳の時にここに新しい家を建てて住んだ。三鷹にいたが、大家族でにぎやかすぎるので、仙川に家をつくり、妻の安子と二人で生活することにした。

七十歳になって新しい家を建て、夫婦で暮らそうというのはおどろくべきエネルギーである。七十から創作に集中するための新しい人生をはじめようとするのだ。ふつうの人ならもう引退なのに、もっと仕事をするために、新居を持つのである。

しかも地形の選び方がすばらしい。武蔵野崖線の段丘の複雑な高低を利用している。彼は土地を選ぶ時、水が出ることと、土器が出ること、土筆《つくし》が出ること、という三つの条件を考えたという。段丘の下からの湧水があり、かつて古代人が最も住みやすいとして選んだ場所だから土器も発掘されるのだ。そして土筆も出てくる。

なんというぜいたくだろうか。武蔵野の最良の場所に住みたいと思っているのだ。思うだけでなく実現している。

友人の志賀直哉は、実篤が新しい家を建てたいというと、「君はもう老人ではないか」とたしなめたそうだ。家を建てるには経済的にも、精神的にも多くのエネルギーがいる。老人なのに、それに精力を使い果たしてしまうのではないか。まだ、あと何年生きるのか。

家ができても、すぐに亡くなってしまうかもしれない。年寄りは環境が変わると早死にするといわれる。しかし、老人だからといわれて実篤はかえって新しい家を建てようと思ったという。そして、そこで充実した二十年を送った。なんといううらやましい老年だろう。

老いをそのように生きることができたらいいな、と思う。しかし私にはとてもできないだろう。だが、武蔵野の自然をとことん楽しもうとした実篤の生き方には教えられる。そのようには生きられないとしても、老人だからとあきらめないことを教えられる。

実篤公園を出て、つつじヶ丘駅まで歩いた。午後の日が黄色くなり、急に寒くなってきた。今日は芦花公園駅から実篤公園まで散歩した。武蔵野に住んだ二人の作家が、それぞれに刻んだ土地は今も私たちに伝えられている。

蘆花のように、実篤のように生きることはできないとしても、私は蘆花や実篤の見た〈武蔵野〉を想像し、感じることはできるのではないだろうか。

私が実篤公園を再訪したいと思ったのは、先日、奈良で志賀直哉の旧居を見たからであった。白樺派についてまた調べたくなり、実篤のことが浮かんだのである。なぜ彼らは〈白樺〉という名を同人雑誌の誌名に選んだのだろう。

すっかり凍《こご》えてしまった私は、つつじヶ丘の駅前で熱いコーヒーを飲んだ。あたたかさがもどってきた時、私はふと、白樺というのは〈武蔵野〉のことかもしれないな、などと思ったのである。

武蔵野文庫

『武蔵野の日々』　高橋嬉文《よしふみ》

独歩と武蔵野に魅せられた人の写真と文の本である。相模原の出身らしいが、武蔵野にとりつかれた。

「武蔵野に住んでみたくてたまらず、武蔵野に住んだ。五年ほど前の麦秋であった。とうとう住んだ！　とうとう武蔵野に住んだぞ、と幼児のようにはしゃぎながら野川にそってさかのぼり、深大寺まで歩いて行った。」

このような初々しさ、武蔵野の新鮮な思いがあふれている本だ。著者は『武蔵野に炊ぐ』の斎藤清衛のように、一人で引越していったようだ。独歩にあこがれたという。武蔵野には独身者をひきつけるなにかがあるのだろうか。

武蔵野がそのような郷愁を誘うのは、都市化の激しい波の中で、その懐かしい風景がどんどん失われてゆくせいであるらしい。

「その武蔵野も丘は崩され、田は埋められ、畑はつぶされ、木々は倒され、多くの細流は下水路と化し、刻一刻と失われてゆく。」

この思いは私にもよくわかる。私は一九六〇年代に大田区馬込から武蔵野に越してきた。その頃は家のまわりで野草を摘んで食べることができた。

この本には武蔵野を写真を撮りながら歩きまわっている著者のなにげないエピソードが書かれていて印象に残る。道端で絵を描いている人がいる。それを覗きこんで話をする。道が描かれている。

「みちというのはいいですね。懐かしいような、人なつこいような……」

「そう、みちがあるとね、遠近感が出る」

この、ちょっとずれたやりとりが面白い。武蔵野の道は面白い、といった独歩の言葉が浮かんでくる。

プロの作家でなくても、だれでも書いてみたくなり、書けそうなのが武蔵野の魅力であるかもしれない。

（現文社　一九六七年）

レトロな街並み

青梅の古寺歩き

梅雨の合い間の薄曇りの日、青梅の古寺を歩いた。青梅線の河辺駅で下りる。〈かべ〉と読む。このあたりの地名の読み方が面白い。一つ手前の小作駅は、〈こさく〉ではなく〈おざく〉と読む。

青梅は多摩川が山地から平野に出る谷口集落として古くから発達した。江戸に幕府が開かれると、江戸城に使われる漆喰壁の原料である石灰が青梅北部の成木地区で生産されたので、それを運ぶ青梅街道が整備された。

青梅は寺が多いところで『新編武蔵風土記稿』には九十七ヵ寺が記されている。現在は六十三ヵ寺が残っているという。そのいくつかを訪ねてみたい。

河辺駅に下りたのははじめてであった。駅前には広い通りと大きなビルがあるが、人通りは少ない。北へ向かい、青梅街道を渡る。さらに進むと豊岡街道に出る。少し東に、塩船観音寺入口の標識がある。そこを北に入ってさらに進む。右手に野上春日神社がある。

なかなかいい神社である。その手前に、青梅せんべいの店がある。静かな住宅街の中に、ぽつんとあるのが不思議である。

しばらく北へ進むと左手に吹上中学校がある。その先を左へ曲がると塩船神明社がある。このあたりの地主神であるという。その奥が今の古寺巡礼の一番目、塩船観音寺である。茅葺きの山門が風情がある。

参考に持ってきた宮本常一『私の日本地図　10・武蔵野・青梅』（同友館　一九七一）を開いてみる。

「青梅の市街地を出て農村部を歩いてみると、そこに古いころの面影をとどめたものが多い。まず目につくのは茅葺きの寺の多いことである。」

京都などの寺は瓦葺きである。しかし、このあたりでは瓦が得にくいので茅葺きにしたらしい。ひなびていて、やわらかい感じがする。山門をくぐると阿弥陀堂が見える。その前庭に、ちょうどあじさいがまっさかりであった。

この寺は非常に古い起源を持っている。伝説によると大化年間（七世紀半ば）に若狭の八百比丘尼がこの地に開いたという。そして天平年間（八世紀半ば）、行基が再興し、「塩船」と名づけたという。なんだか謎めいた起源である。「塩船」というのは、この地がまわりの丘に囲まれた船形のくぼみであるからともいわれている。

ここまでが伝説で、歴史的には貞観年間（九世紀半ば）に天台宗の安然が、比叡山から七社権現を勧請し、講堂を建立したという。

本堂には十一面千手観音が正面に立ち、両側に二十八部衆が並んでいる。小柄な千手観音は、少女のように可憐に見える。

本堂の裏に出ると山の頂上に巨大な観音像がそそり立っている。裏山の斜面はつつじ園になっていて、四月から五月にかけて見事であるという。そして今はあじさいの季節なのである。

塩船観音寺を出て、中学校の下までもどり、西へ向かう。このあたりは吹上という地名である。通りは城山通りという。北側に小高い丘があり、その裾をまわっている。城山通りというように、このあたりに勝沼城という中世の城があった。

中世の青梅を支配していたのは三田氏であった。平将門の後裔と称していたという。もっとも古い資料には三田氏は出てこないので、十四世紀ごろに青梅に現われた新興勢力だったようだ。鎌倉幕府はまもなく倒れ、南北朝の時代に入っていく。三田氏は足利尊氏の配下であったらしい。

室町幕府が成立しても、関東は内乱状態がつづいた。関東管領をめぐり、上杉氏が分裂して争った。それに乗じて北条早雲が小田原を本拠に関東に進出してきた。

北条氏の侵略に対して多摩地方の豪族たちは城を築いて守りをかためた。八王子の滝山城もその一つである。

十六世紀の三田氏は、羽村から山梨県境あたりまでのかなり広い領地を支配する勢力となっていた。上杉氏と北条氏の抗争にはさまれて、微妙な立場にあり、どっちにつくかの決断を迫られることになった。

その時、三田綱秀は、岩槻城主太田資正とともに反北条派に加わった。それに対して北条氏康は永禄六年（一五六三）、三田氏討伐を滝山城にいた二男氏照に命じた。

三田氏の本拠は勝沼城であるが、平城であるから、二俣尾の辛垣《からかい》山に、山城を築いて北条軍を迎え打った。青梅線の二俣尾駅の北であり、勝沼城からは、かなり西方である。

滝山城から押し寄せた北条軍は辛垣城を攻めた。三田軍はよく守ったが力つきて落城し、三田綱秀は岩槻城に逃れた。しかし岩槻の太田氏はすでに北条氏に内通しており、綱秀は自害させられた。こうして戦国時代の地方領主は滅んでいった。

勝沼城は、城山通りの途中にある妙光院の裏手あたりにあったという。今は雑草におおわれて埋もれている。

やがて成木街道にぶつかる。この道を北西へ入っていくと、石灰を産出していた成木に出る。成木街道に入ってすぐに、北へまっすぐ進む道が分かれている。それを進むとまもなく天寧寺である。曹洞宗の寺で、三田氏が建てたものである。滅んでしまったけれど、青梅には三田氏が建立したり、また建て直したりした寺社が多い。青梅文化を育てた一族だったのだろう。

天寧寺は文亀年間（一五〇〇年頃）、三田氏宗が開基し、甲州中山広厳院の第二世一華文英が創立したといわれる。一華文英は、龍の子であるといわれる。母の金岳が金龍が懐に入った夢を見て妊娠し、生んだといい、その子の脇の下に鱗があったそうだ。成長した一華文英は山梨に永昌寺、青梅に天寧寺をつくった。

天寧寺は何度も火災にあって、古い建物は残っていない。江戸後期に再建されたものであるが、それでも実にシックなデザインがほどこされ、雰囲気がすばらしい。中世の禅宗建築の端正な美しさをもとにしつつも、江戸の粋な風流が加えられているように思える。

まず山門であるが、軒下などの部分にほどこされた彩色彫刻の装飾が鮮やかでしゃれている。日光東照宮などに通じる江戸の意匠が華やかさを感じさせる。

山門をくぐると次に中雀門である。色調は渋く抑えられているが、堂々たる桃山様式の唐門で、内陣に向かう厳粛な雰囲気をあらわしている。山門の軽やかさと対照的に、いかにも禅宗寺院らしい、凛とした空間を演出している。

中雀門をくぐると、端正な法堂《はっとう》が現われる。装飾をきわめて抑えた、直線を主とした構成がすがすがしい。屋根は銅版葺きであるが、茅葺きを模している。以前は多くの武蔵野の寺がそうだったように、茅葺きだったのかもしれない。

法堂の位置は、中雀門からの中心線から、向かって右へややずれている。門からまっすぐのびる石畳の道の正面にある入り口は、したがって、建物の中央ではなく、少し左についている。このように、左右対称を少しずらすのは曹洞宗特有の寺院配置という。あまりに厳密なシンメトリーに束縛されるのを嫌い、自由な動きやずれの余地を残そうというのだろうか。

私は塩船観音寺、天寧寺という二つの見事な寺を見ることができたので、とても満足した。天寧寺から成木街道までもどってくると、道脇に駐車した自動車でカレーを売っていた。ちょうど昼だったので、ここで食べることにした。車の横に置かれたテーブルに座る。インド・カレーではなく、東南アジア風のグリーン・カレーである。

おなかがいっぱいになって、また歩きだす。成木街道から公園通りに入り、西へ進む。永山公園に着く。ここから南へ下っていくと青梅線に出る。それを渡ると、突然、昭和初期のようなレトロな商店街にタイム・スリップする。

青梅はこのところ町を挙げて、映画の黄金時代であった古きよき時代、昭和レトロの演出をほどこして、町の再生を行なっているらしい。いたるところに懐かしい映画の絵看板が掲げられ、昭和レトロ商品博物館、青梅赤塚不二夫会館、昭和幻燈館などが開かれている。私もレトロの街が大好きなので、青梅宿、銀幕街道のブラブラを楽しんだ。あれ、今日は青梅の寺めぐりに来たはずなのに、などと思いつつ、思いがけない懐かしい時と出合い、映画館に入りびたっていた少年時代にもどったような気分であった。

青梅駅前を過ぎると、レトロの街も終わって、自動車だけが走り抜ける青梅街道にもどる。西へ進むと、右手に古い商家がある。材木商であった旧稲葉家住宅であり、巨大な梁や、柱が時を刻んでいる。

近くに金剛寺がある。真言宗の寺であるが、平将門の伝説が伝えられている。将門は承平年間（九三五年ごろ）、この地に梅の枝を挿し、願いが成就すれば栄えよ、そうでなければ枯れよ、と祈ったという。将門は兵を挙げたが敗れた。そのため、ここの梅は決して熟すことなく、いつまでも青いままであった。そのことが「青梅」の地名の起源だという。金剛寺の境内には梅の古木が残っている。

それにしても、枯れずに青いままであったというのは、いつか将門がもどってくるということなのだろうか。

私はそれから、多摩川がU字形に蛇行している釜の淵公園を抜けて青梅駅にもどった。いくつかの古い寺を見た。そして青梅の昭和幻影商店街を歩いた。

行きつ戻りつ東京、神奈川

鶴川 歴史街道

京王線聖蹟桜ヶ丘駅からバスで小田急線鶴川駅まで行く。鎌倉街道を南へ下っていく。永山駅を経由し、鶴川街道に入って、鶴川駅まで約一時間のバス旅行である。多摩ニュータウンをかすめながら、まだ、ところどころに残っている武蔵野の自然の脇を通り抜けてゆく。

鶴川駅に着く。郊外線のどこも同じように見える駅前風景であるが、駅から少し離れると、東京にもまだこんな田舎があったのか、とうれしいおどろきを与えてくれる地区である。小さな丘や、谷が入り組んで、変化に富んだ風景がつくり出されている。

特に鶴川駅の東南の三輪町（町田市）のあたりが面白い。駅の南側を流れる鶴見川に沿って歩きだす。宝殿橋の少し下流のところに、水辺まで下りていく道がつくられ、開戸《かいと》親水広場という看板が出ている。そこに、神奈川県と東京都の鶴見川境界地点の標識が出ている。ここまでが神奈川県、その下流は東京都なのだ。このあたりの神奈川と東京の境界は、まるでジグソー・パズルのように入り組んでいる。おそらく複雑な歴史があるのだろう。

少し下流に精進場橋、さらに子《ね》の神橋がある。ミソギなどの修業をする場所だったのだろうか。このあたりには神社や寺が多く、宗教的な場所だったようだ。

次の四ツ木橋のところで右に折れると三輪町である。南へ下ると妙福寺がある。派手ではないが、すっきりしたいい寺である。日蓮宗で、池上本門寺の末寺だという。私は子どもの頃、大田区馬込にいたが、中学校は京浜第二国道をはさんで本門寺の向かい側であった。この寺の境内をよくおぼえている。妙福寺の祖師堂は本門寺から移したものといわれる。そんなこともあって、この寺に親しみを感じた。

妙福寺の本堂は、方丈式といわれる間取りで、幕末によくつくられた様式だそうである。質素で、住居のような感じがあって、すがすがしい。

妙福寺を出ると、さらに南へ下る。途中で道が工事中のため車が通行禁止になっていた。日曜日であったから、工事はやっていなかった。徒歩ならば通れるようだ。この道は神奈川県の寺家《じか》町へ出る道路である。

工事地区を抜けると、すばらしい田園風景が現われた。山合いの谷に田や畑がつくられている。いわゆる谷戸《やと》といわれる武蔵野特有の地形が、まるで昔のままのように残っている。この道を歩いただけで、今日の散歩は収穫だった。いつもなら車が通るのだろうが、工事中であり、しかも工事が休みだったから、私は谷戸の道をぜいたくに楽しむことができた。

まもなく横穴古墳の道標が出ていて、そこから山道を登る。尾根に出るとすぐに説明板が出ている。下三輪玉田谷戸《ぎょくだ》横穴墓群とある。看板の横を下りると、山の斜面に四基の横穴が並んでいる。古墳時代後期のものという。家形彫刻がほどこされているのが珍しいのだそうだ。家形彫刻というのは、柱、梁、桁、垂木などを土の壁に刻んで、横穴を木造建築の内部のように見せるのだという。外からはよく見えないが、古代人は横穴を建築のように見せようとしたのだろうか。

山を下りて、妙福寺の前までもどる。近くにログハウスのカフェ「シュルツ」があったので、コーヒータイムにする。ベーグルや焼き菓子、手芸品などの雑貨、絵本を中心とした古本などが置かれているユニークなカフェである。

そこを出て、西へ向かう。鶴川駅へのもどり道である。地蔵堂、椙山《すぎやま》神社などをまわる。三輪の里の中心部である。沢谷戸自然公園がある。その北側の丘には白坂横穴古墳群がある。このあたりは、古代の遺跡が豊富な地区なのである。三輪という地名は、古代大和の信仰の山の三輪山に似ていたことからきているという。

また、白坂というのは、城坂からきているといわれ、戦国時代、北条氏の出城の一つ、沢山城があったという。古墳から戦国の城まで、三輪の地には歴史の夢の跡がぎっしりとつまっているのである。かなり密集した住宅街のすぐ裏手に、古代や中世の遺跡がひそんでいる三輪は、ミステリー・ゾーンといえるかもしれない。

三輪の里の山道がバス通りに出る手前に、高蔵寺がある。四月にはシャクナゲが美しいという。ここは北原白秋が訪ねた寺としても知られる。境内に白秋の碑がある。

「高蔵寺しづかやと散葉眺めゐて梢の柿のつやつやしいろ」

今は冬であるから、シャクナゲも柿もないが、しずけさはさらに深まっている。

三輪の里を抜けて、高蔵寺から西にしばらく歩く。道は上ったり下ったり起伏に富んでいる。岡上小学校を過ぎてから右へ曲がり、鶴見川に向かって下りていく。小さな橋を渡ると鶴川駅西の踏切に出る。それを過ぎると鶴川街道である。

駅の南側の三輪をぐるりとまわってきたのであるが、今度は、北側に出る。こちらは駅の正面で、大通りになっている。鶴川街道は駅の北側を過ぎると、北へ直角に曲がっている。それを渡ると、真光寺川という細い川がある。その東側の丘の上に能ヶ谷神社がある。急な階段を上ると、鶴川の街、さらにはるかに丹沢の山々までを見晴らすことができて気持がいい。私は急に腹がすいてきて、石段に座り、途中で買ってきたおにぎりを食べた。

能ヶ谷神社は、昔、東照宮といい、正保年間（一六四四〜一六四七）に建立され、安政元年（一八五四）に再建された。大正三年、他の神社と合祀され、能ヶ谷神社となったという。東照宮というからには徳川家康にあやかっているのだろうが、なぜ幕末になって、この神社が再建されたのだろうか。すでに徳川家はあやうくなっていた。それだけに、家康の時代を甦らせたいと祈願したのだろうか。でも、すぐに幕府は倒れてしまう。だから、東照宮という名の神社は、明治にはいろいろ苦労があったのではないだろうか。だから、他の神社と合併し、名前も変えなければならなかった。

この静かな神社にも歴史の波が押し寄せていたのだ。冬晴れの、寒さの中で透明に澄んだ光にくっきりと浮かんでいる山々を見ながら、私は流れていった歴史の時をしのんでいた。

能ヶ谷神社から下って、また真光寺川に出た。この川は下って、鶴見川に入る。その合流点が今朝ほど鶴川駅から歩き出して、すぐに出合った開戸親水公園のところなのである。地図を見ると面白いことに、町田市（東京都）は、鶴川駅のあたりで川崎市（神奈川県）と接していて、真光寺川と鶴見川の合流点のあたりでギュッとくびれ、いまにも千切れそうなのだが、その先でまた広がり、風船がふくらむように袋状になって、神奈川県の中にたれ下っているのだ。その風船の部分こそ三輪町なのだ。三輪町は、神奈川県の中にすっぽり包まれながら、なんとか細いくびれの部分で東京都につながっている。

だから私は、東京都である鶴川駅から出発し、宝殿橋で神奈川県に入り、開戸親水公園で東京都に入り、三輪町をめぐり、高蔵寺のすぐ西側からまた神奈川県に入り、岡上を経て、鶴見川を渡ってまた東京都にもどるといった越境をくりかえしたのであった。

多摩という地区は、幕末において東京に入るか、神奈川に入るかで複雑な歴史をたどってきた。自由民権運動なども、そのような境界問題に絡んでいる。そのことが、あらためて浮かんできた。そのことは実際に歩いてみないとなかなか具体的にとらえることができない。歴史を歩いてみると、そのことが実によくわかるのである。

なぜ三輪町には古い自然や歴史が残っているのだろう。東京都であるが、神奈川県の中にとり残されていたことがその一因ではないだろうか。

真光寺川を渡って鶴川街道に出る。平和台入り口というバス停がある。その先に今日の旅のゴールの武相荘《ぶあいそう》がある。白洲次郎・正子夫妻が昭和十八年（一九四三）から暮らした旧白洲邸が二〇〇一年から公開されている。鶴川めぐりのラストにぜひ寄りたいと思った。

戦前の日本のよき時代にモダン・ボーイ、モダン・ガールとして育ち、戦後を自分の趣味に生きた白洲夫妻のライフスタイルが、この十年ぐらい、異常なほどの人気を集めている。なぜかについていろいろ考えてみたいが、よき時代のライフスタイルが失われてしまった、という思いがあるのではないだろうか。

逆にいえば、どんなふうにこれからの生活を楽しんでいくかを、現代の私たちはまったく見失っているのだ。だからこそ、自分の好きな道を行った夫妻をうらやむのである。

白洲次郎は、一九四二年、戦争という時代の嵐を避けるかのように、この地に移ってきた。古い民家を買い、そこにひっそりとしたかくれ里をつくろうとした。武相《ぶそう》（武蔵相模）をもじって武相荘《ぶあいそう》（無愛想）と名づけた。それはモダニズムの避難であったかもしれない。

モダン・ガールであった白洲正子も、日本の伝統文化、仏教美術などに目覚めた。そのような感性を磨くのに、鶴川のかくれ里がふさわしかったのだろう。彼女は、このあたりの散歩を楽しんだようである。私が今日めぐってきた、妙福寺や高蔵寺などのある三輪の里もお気に入りの散歩道であったようだ。

古い民家の中に、彼女の書斎も保存されている。その本棚や机の上の文具などを眺めながら、武蔵野の四季の中で、そして騒がしく揺れる歴史の中の日々において、書くことによって生きようとしていた様子を、私なりに想像し、私はしばしぼんやりしていた。

そこを出ると冬の日はすでに傾き、風は痛いほど冷たくなり、まっ青だった空に金色と薄紫のヴェールが降りようとしていた。

武蔵野文庫

『武蔵野 日本の風土記』 上林 暁編

柳田國男から田部重治までの武蔵野について書いた名文のアンソロジーで、どれを読もうか迷ってしまうほどだ。みんな武蔵野については書いてみたいようだ。

柳田國男の「武蔵野の昔」には次のようにある。

「近年のいはゆる武蔵野趣味は、自分の知る限りにおいては故人国木田独歩君を以て元祖と為すべきものである。」

〈武蔵野趣味〉といわれるほどのブームが独歩の『武蔵野』によって起きたわけである。柳田によれば、そのような近代のブームは、享保の頃の江戸の文人趣味を受け継いだものであった。織田一磨の『武蔵野の風景美』によると武蔵野には特有の感情があるという。武蔵野固有の腐植土（黒土）には「陰気、悲哀、憂鬱といったはなはだ寂しい味」があるという。もしかしたら、それはドイツ・ロマン派のメランコリックな感情と似ているかもしれない。〈武蔵野趣味〉がこれほど多くの人を惹きつけるのは、ロマン主義的な心情が共通しているからではないだろうか。

織田は関西の平野と比較して言っている。関西の摂河泉の平野は、灰色の粘土質で白く光り、絵画的であるが、武蔵野は黒っぽく、暗く、文学的であるというのだ。関西は美術的で明るく、関東（武蔵野）は暗く、ロマンティック、文学的だという織田一磨の大胆な比較は面白い。

同じく画家の鈴木信太郎の「西郊雑記——荻窪近辺」もこの本に入っている。武蔵野の中央線沿いには多くの作家や画家が住み、芸術家村をなしていた。私が編集者であったころ、よくこのあたりを訪ねていた。家賃が安かったので、画家が広いアトリエを探して武蔵野に集まっていたのである。あたりが賑やかになってくると、画家たちはさらにはずれに引越してゆく。鈴木信太郎も荻窪から三鷹台に移った。

（宝文館 一九五八年）

街角で迎えてくれる石仏

保谷の四軒寺

夏の終わりの暑さがもどってきた一日、私は保谷を歩いた。

池袋から西武池袋線で保谷駅に着いた。駅ビルの中に図書館が入っているので寄ることにする。保谷の歴史をコピーする。途中でコインが足りなくなり、階下のスーパーに行って、飲物でも買って、千円札をくずすことにする。

ジュースをと思ったが気が変わって、おにぎり弁当百九十六円を買って、図書館にもどり、残りをコピーした。さて、いよいよ出発である。

駅前から北へ向かう、途中に馬頭観音の石柱があった。保谷は石仏の里である。しばらく行くと福泉寺があった。ここは日蓮宗の寺で三十番神というのが祀られているという。三十番神というのは三十柱の神々を選び、一ヵ月の一日ごとに割り当てするもので、今日は何番の神の日というようになっている。

福泉寺から少し北へ行き、左へ曲がる。「したみち通り」とある。しばらく西へ進むと天神社があった。ここにある説明板でようやくわかったのだが、もともと福泉寺と天神社は一緒であったが、明治の神仏分離で二つになったらしい。

地方の寺社を歩いているうちにだんだんわかってきたのだが、神仏分離はかなり強引に行なわれたので、寺社の資料の多くが失われ、歴史がわからなくなってしまった。近代化の大きなマイナス面である。

日蓮宗では、神道を取りこんで法華神道をつくり、そこで三十番神という神々による一ヵ月の暦ができていた。明治の時、法華神道が禁じられたので、天神社をつくり、三十番神に入っている菅原道真を祀ったのであった。福泉寺にどうして三十番神という神々が関係しているのか、という疑問がようやく解けてきた。

天神社から、しばらく歩く。保谷駅の次の、ひばりが丘駅の少し手前で西武線を渡る。住宅地ではあるが、あちこちに緑地が残されていて、そんな武蔵野の名残りを見つけるのも楽しみである。保存生垣がある民家を見つけた。ひいらぎの生垣である。野菜の無人販売のスタンドなどもあり、自然がまだ息づいている。

もっとも、かつては保谷市、田無市となっていたが、今はまとめられて西東京市になっている。なんと味もそっけもない都市名であろうか。

西武池袋線を渡って南へ向かうと、又六地蔵がある。六つの道が出合う交叉点で、その角に石仏群が集められている。これがそれぞれに面白い。中央に六地蔵石幢《せきどう》がある。多角形の石柱で、各面に一つずつ六体の地蔵が彫られている。寛永五年（一六二八）の作である。その左に青面金剛庚申塔がある。青面金剛はインドから来た荒れ狂う神である。その下に、見ザル、聞カザル、言ハザルの三猿が彫られている。これは元禄十年（一六九七）という古い作品である。左端は庚申塔で寛政十年（一七九八）に造られた。右の二体は明治三十年作の地蔵である。

江戸の村では庚申信仰が盛んだったようだ。集って一晩中眠らずに起きている。人々はなにを思っていたろうか。

さらに南へ下ると尉殿《じょうどの》神社がある。この先の四つの寺を保谷の四軒寺と呼んでいる。今日はそれを見て歩くのが目的なのである。

朝のうちは曇であったが、しだいに晴れて、暑くなってきた。白い夏雲がきれいだ。昼になったので、一息入れることにした。私は尉殿《じょうどの》神社のだれもいない境内で、保谷駅のスーパーで買ったおにぎりを食べることにした。自動販売機で冷たいお茶を買って、安いが、とてもぜいたくな昼食をした。こののびやかな夏の空の下で、私はおにぎりを食べている。かけがいのないひと時であった。

尉殿神社はすがすがしい社であった。尉殿（じょうどの）というのは、武蔵野の谷戸《やと》といわれる陵丘のふもとから湧く水の〝水口の神〟のことで、ずうどの、じゅうどの、じょうどの、などと呼ばれている。尉殿神社は、西の谷戸町の方から流れてくる白子川の水神を祀ったものであるらしい。白子川の水が保谷の地を育てたという。

神社から少し西に宝晃院がある。四軒寺の一つである。ここには倶利加羅不動明王が祀られているが、これは尉殿権現のご神体であったという。ここもまた、神仏分離によって神仏は強引に分離され、尉殿神社と宝晃院は切り離されたのであった。倶利加羅はインド神のクリカのことで水の守護神であるという。

尉殿神社のすぐ近くには東禅寺がある。四軒寺の一つであるが、他の三つは真言宗であるが、ここは禅宗（曹洞宗）で、花頭窓など禅宗的なきりっとしたデザインの寺である。

このあたりは道が入り組んでいて、地図を見て歩いていても迷ってしまうほどだ。宝晃院から少し南に如意輪寺がある。建物は新しいが、墓地の一画に、保谷の石造文化財を集めてある。以前は道脇に立てられていたのだが、住宅が密集し、交通が激しくなったので、石仏も道端にはいられなくなったのである。

四つの石塔が集められている。右側は、六十六部日本回国塔で宝暦三年（一七五三）のものだ。巡礼が日本を回国し、その記念に立てたものである。ひたすら歩いて社寺をめぐり、それを無事に達成したことを感謝して石を立てる。数百年の年をへだてて、その人の志がここに刻まれ、それが私に伝わってきているのだ。なんだか感動する。私たちは、なにか刻んで、ずっと後の人に伝えるべきものを持っているだろうか。

二番目は青面金剛庚申塔で、元禄十四年（一七〇一）、又六の石仏群にあった青面金剛より四年後に立てられたものだ。その頃、保谷の道は開かれていたのだろうか。

この青面金剛はなかなかいい。このエキゾチックな鬼神は保谷の夜明けを見守っていたのだろう。なぜ、このようなおそろしい姿を人々は彫ったのだろう。この地を襲う天変地異があまりに辛いものだったから、うんと強力でこわい神に守ってほしかったのだろうか。三番目は百札巡礼成就塔で、寛政四年（一七九二）の作である。百枚のお札を寺社に貼ってまわり、それが成就したのだ。それで、なにかご利益があったのだろうか。いや無事に帰ってきたことが、なによりであったのかもしれない。ともかく、私の知らない昔の人よ、なぜか君の塔は私を力づける。私もまた百枚の札を貼りつづけて旅をしなければならない。

以上の三つの石塔は、少し南の富士街道沿いに立てられていたのをここに移したという。左端は青面金剛庚申塔で宝暦四年（一七五四）のものである。これは如意輪寺の近くにあったという。

如意輪寺から南に行くと、四軒寺の最後の宝樹院がある。少し先の四叉路に小さな祠があり、ユーモラスな表情の青面金剛像が置かれている。正徳四年（一七一四）の作という。さらに行くと西浦地蔵尊（北向地蔵）の祠がある。享保四年（一七一九）というから将軍吉宗の頃で、新田開発が盛んに行なわれ、武蔵野も目覚めていった時代である。この地蔵は、野口武右衛門など同行二十四人によって、新田への思いをこめて建立されたという。この新しい土地に生きていくことを誓った人々の気持ちをこの地蔵は語っているのだ。

もっともこれは私の想像で、この地蔵の別な由来もある。それによると、田無の宿場の飯盛女があまりに辛い仕事に逃げ出してきて、ここで捕らえられ、折檻されたり、殺されたりしたので、その供養のために立てられた、というのである。この言い伝えは後でつくられたような気がするが、この地蔵にそのような救いを求めたことがあったのかもしれない。

そこから、西武新宿線の西武柳沢駅の方へ南下していくはずであったが、途中でまちがえて保谷新道を進んだので、一つ西の田無駅に近い方に出てしまった。西武線の下をくぐると、石神井川に出た。川に沿って東へ進む。青梅街道を渡り、川はやがて東伏見稲荷の南に達する。近くに早大グランドがある。

グランドから学生たちのかけ声が響く。懐かしい。昔、私も早大の学生であった。体育の単位にテニスをとったら、東伏見のグランドのテニスコートで実習があった。あれからずいぶん時がたってしまった。私は今、グランドの外を歩いている。私にもかつて若い時代があったのだ。そのことをずっと忘れていたが……。

東伏見稲荷神社に寄る。一九二九年に京都の伏見稲荷から分霊されたという。昭和にできた新しい神社なのだ。モダン都市が発達してきた時に、なぜ新しい神社をつくったのだろうか。いつか、そのあたりのことを調べてみたいと思った。

早大グランドを過ぎて、石神井川は武蔵関公園に入る。深い木立の、水の豊かな公園である。私は木かげでしばらく涼んだ。腕になにか白いものがついている。さわってみると塩であった。汗とともに出て、乾いたのである。あらためて暑い日であった。しかし、今は、この木の下で涼しい水辺の風に吹かれている。

一休みして公園を出る。石神井川は西武線沿いに流れてゆく。川が線路の向こうに消えた時、武蔵関駅であった。私は西武新宿線に乗った。

熱していた体がゆっくりとさめてゆく。今日は保谷の四軒寺を歩いた。この水の豊かな土地は、古代から人々の生活の跡を刻んでいるが、中世から道が開かれ、畑がつくられていった。そのゆったりした歴史の時を歩くことでいくらか感じることができた。青面金剛や地蔵などの石仏は、彼らの中に流れている歴史の時をしたたらせてくれた。

★Ⅱ章所収の九篇は、同人誌『断絶』（二〇〇七年九月～二〇一一年九月発行）に掲載されたものです。

武蔵野文庫

『武蔵野雑記』 上林白草居

歌人によるさりげない随筆のようであるが、「あとがき」を読むとしんみりさせる。戦時中、著者は妻を亡くした。その淋しさのあまり旅に出たいと思った。しかし戦時のことで、そんな余裕はない。そこでまだ戦災を免れていた武蔵野を歩きまわるしかなかった。そして戦後になり、戦時に書いた武蔵野散歩をまとめた、というのである。

そのことを知って読むと、悲しみを武蔵野散歩でまぎらわそうとする哀愁がふと流れてくる。

「武蔵野が未だ欅の巨樹を多く残して居ることは、この野を愛する者にとっては洵《まこと》に有難い事である。小平市、田無町、調布辺にも矢張りこの欅が多く、好もしい古街道風景をなしてゐるが、府中町の天然記念物たる欅馬場を除いては恐らく砂川村程多くの欅を持った村は、他にあらうとも思われなかった。」

なにげない文章であるが、これを東京が空襲にさらされていた戦時の中で書かれていたとすると、なにかちがった雰囲気が感じられる気がする。

この武蔵野散歩が独行ではなく、俳人仲間と歩いていることも特徴だ。俳句という座の中で風景がとらえられている。一人ではなく、みんなで一緒に見ていることがわかる。私の武蔵野ではなくて、みんなの武蔵野なのである。

そのような俳人仲間の旅であったから、妻を失った辛さも癒されたのだろう。一人旅であったら、悲しみはさらに深まったろうから……。

「府中も随分変ったものだ。」とある。鉄道が通るのをいやがったので国鉄（今のJR）は国分寺の方を通った。しかし京王線が通り、南武線も通るようになった。

ひとり旅が多い武蔵野紀行の中で、対話的な旅をして私たちをなごませるのが、この本である。

（白草会 一九五二年）

Ⅲ

幻の寺社が見守る

百草園 今と昔

正月三ヵ日の飲み食いで身体もなまったので、四日に歩き初めをすることにした。京王線の百草園駅から出発する。

駅前の川崎街道を渡り、すぐに南に入ると正面に鳥居が見え、そこから上っていく急な石段が見える。大宮神社である。

まっすぐで狭く急な石段をそろそろ上っていくと、小さな神社がある。朝のせいかだれもいない。しかし紙袋に入れた酒の一升瓶が置かれていた。だれかが正月に奉納したのだろう。この無人の社にも、ひっそりと詣る人がいる。なぜか、ほんのりと胸があたたかになる。私もだまって手を合わせる。なにかを祈願するわけでもないのだが……。

大宮神社から南へ進むと、細い山道にさしかかる。七生丘陵に連なる百草山へ登る道で、割合、急である。晴れやかであたたかい正月日和である。枯葉が道に厚く散り敷いている。あまり人の踏んだ跡がない。駅のすぐそばに、こんなに自然のままの山野が残っていることに感謝したくなる。

しばらく登ってから下りになる。左に細道が分かれている。そっちに入ってみると古い墓がある。松連寺の開基寿昌院慈岳元長尼の墓とある。江戸時代にこのあたりに松連寺という寺があった。小田原藩主大久保忠増の室であった寿昌院慈岳が開基した尼寺であった。

この寺は、岡崎三郎信康と母築山御前の供養のために建てられたという。家康の長子信康は、信長の人質となり、その娘徳姫と結婚させられた。しかし信長に謀反の疑いをかけられ、家康はやむなく信康と築山御前を犠牲として殺させた。その役を果たしたのが大久保忠増の先祖大久保忠世であった。その大久保家の罪滅しに松連寺を建てたわけである。

松連寺墓地からさっきの道にもどり少し下ると、広い道に出る。向かい側が百草園である。梅林や庭園や茶室で知られる。松連寺は明治の神仏分離によって廃寺になった。その跡地に青木角蔵が「百草園」という遊園地をつくった。彼は生糸商人として財をなした人で百草村の出身であった。

百草園の前に行くと、なんと一月四日まで休園であった。ちょっと残念であったが、それでもかまわない。百草園は何度も来ているし、実は今日の目的はここではなかったからだ。

百草園の隣に百草八幡宮がある。説明板によると、永承六年（一〇五一）創建である。源頼義が東北の鎮圧を命ぜられて陸奥に下る途中、ここを通ったという。その時、百草山から立ちのぼる霊気を見て、ここに京都山城の男山八幡宮から持ってきた土を埋め、戦勝を祈ったという。よその土地を占領するために、自分の国の土を持っていって、そこに埋めるといったことをやっていたらしい。霊魂を分けることと土を分けることはつながっているのだ。

康平七年（一〇六四）に頼義は陸奥から帰国途中にまた百草に立ち寄り、祈勝のお礼に千手観音を奉納したという。隣にあった松連寺と百草八幡宮はもともと一つであったが、神仏分離で分かれてしまい、松連寺はなくなってしまったのだ。

百草八幡宮では正月の行事の準備だろうか、年配の方々が、たくさんの電球がついたコードを張りめぐらしていた。そこを過ぎると下り坂になる。百草園は丘陵の尾根にあるのである。

坂を下りていくと右手にお堂がある。百草観音堂である。小さなガラス窓からのぞくと五体の仏像が並んでいる。中央に十一面観音、向かって左脇に阿弥陀如来坐像、さらにその左に大日如来。右には二つの僧形の木像が並んでいる。

そして厨子の中に聖観音が収められている。私は先日、これらの仏像をガラス窓ごしではなく、触われるほど目近で見ることができた。百草園界隈にこれほどの仏像が保存されているにおどろかされた。

見ることができたのは、「真慈悲寺と百草観音堂」（日野市立「新選組のふるさと歴史館」二〇一一年十月十二日～十二月十八日）の会場においてであった。私は、ここで真慈悲寺という寺がかつて百草園のあたりにあったことを知った。その寺は失われ、忘れられていた。近年、その寺を再発見し、復元する活動が静かに進行していたのであった。この展覧会も「幻の真慈悲寺を追って」シリーズの第二回であるらしい。

私は、その寺のことをまったく知らなかった。ポスターでこの展覧会を知り、高幡不動から日野駅に向かうバスで、市役所のそばにある「新選組ふるさと歴史館」に出かけたのである。ここは以前は郷土資料館であったが、数年前の新選組ブームでこの名になった。そのブームは去ったが、それをきっかけとして日野の地方史研究が盛んになり、見事な成果を挙げつつある。その一つがこの展覧会であった。

そこに、百草観音堂の六体の仏像がすべて出品され、それぞれ背後までよく見ることができた。とてもいい機会だった。私にとっても大きな発見だったのは、百草に、平安時代末から中世にかけて、真慈悲寺という大きな寺があったことであった。百草観音堂の六体の仏像の由来ははっきりしない。このあたりの寺に伝わったものを集めたらしい。もしかすると、それは真慈悲寺にあったものではないだろうか。

そのような謎にひかれて、幻の大寺の復元の発掘調査がはじまり、これまでの成果が展示されていた。

私が朝早く、開館とともにとび込んだので、まだだれもいないこともあって、この展覧会に関わった郷土史研究会の方が親切に解説してくれた。この寺をなんとか復元して伝えたいという熱意に私は打たれた。歴史の研究の人間的な面に触れたような気がして、感動がずっとつづいた。私は毎年、おびただしい展覧会を見るが、この地味な展覧会が、この年で最も印象に残った展覧会となった。そして真慈悲寺のあった場所を歩いてみることにしたのである。

真慈悲寺は、鎌倉時代の史書『吾妻鏡』に出てくるが、その場所がはっきりしなかった。しかし一九七四年、東京電力総合研修センターの敷地から常滑焼の壺が出てきて、百草の近辺にあったらしいとされるようになった。平成元年から百草園の本格的発掘調査がはじまり、平成十八年(二〇〇六)から「幻の真慈悲寺調査」プロジェクトが出発した。

歴史が再発見されていくプロセスに立ち合っているように見えたその展覧会に刺激されて、私は正月に、幻の寺の跡を歩いてみたくなったのである。

百草観音堂から東へ行くと、北側の高台を東京電力総合研修センターが占めている、その端に真慈悲寺調査センターがあった。そこに寄って、調査地の状況を教えてもらった。

調査はABCの三地点を中心に行なわれている。Aは京王百草園内で、平成元年の調査で大量の瓦が出た。真慈悲寺の中心はこのあたりと思われる。松連寺は、その跡に建てられたのである。B地点は百草八幡の裏(西側)で石組の跡が見られる。そして八幡の東にある高台がC地点で、掘立柱の建物跡が見つかっていて、墓地もある。ここは、まだこれからの調査を必要とする。しかしC地点は東電の敷地なので、一般には入れない。調査の時だけ入る許可が出るという。

以上のようなことを教えてもらって、私はまた観音堂の前の坂を登り、百草八幡までもどった。その裏手にまわり、A地点、B地点のあたりを歩いた。もちろん、調査の跡は埋め直され、それを知らなければなにげない冬の武蔵野風景であるが、多摩丘陵の高台から遠く高幡不動の方を望みながら、かつてこの丘に大寺院がそびえていたことをしのんだ。

それから百草八幡の向かい側、東側の丘に登ってみる。しばらく行くと金網の柵があり、その先は東電の敷地で入れない。その先がC地点である。私は金網越しに見るだけにした。それから北側の谷へ下りた。真堂が谷戸と呼ばれている。このあたりに真慈悲寺のお堂が並んでいたのだろうか。C地点の丘を見上げながら谷を東へ向かう。

しばらく行くと、南に小高い山がある。この山頂に仁王塚があり、経筒が埋められていた。幻の寺の遺跡はここまでのびていたのだろうか。仁王塚は東電内なので入れない。

そのまま道なりに東南へと下りて行けば野猿街道に出るが、少し引き返し、北側の丘の裾を北へまわりこんで行くと百草谷戸である。小さな谷が入り組んだ地形である。その奥に百草園がある。ずいぶん古くからここに人が住み、中世には大寺院の七堂伽藍が建ち並んでいたのだ。

百草谷戸の道は、はじめに大宮神社から百草園へ向かう山道の途中を左に入った道につながっている。京王線と川崎街道のすぐ近くにこんなにひなびた道がひそんでいるのも面白い。この道を東へ進むと、途中に「モグサファーム」という牛舎がある。このあたりで牛を飼っているのである。そういえば、近くに養蜂場があり、リンゴ園もある。百草には、まだ武蔵野が残っているのだ。

「モグサファーム」をのぞくと牛が顔をのぞかせた。それから右手の細い道を左に折れるとすぐに自動車通りに出る。川崎街道である。そばに「アルティジャーノ・ジェラテリア」というアイスクリーム店がある。いつもここを通ると、なんでこんなところにアイスクリームの店があるのか不思議に思ったが、向かい側の丘に牧場があるからなのだ。小さな謎が解けた。幻の大寺の謎はまだ解けないが、今日はその秘密をちらりとのぞいた。

川崎街道を左へ行くと、すぐに百草園駅があった。

武蔵野文庫

『東京近郊一日の行楽』　田山花袋

この本は一九一八年に出され、一九二三年に改訂版が出た。一九〇一年の独歩の『武蔵野』で発見された〈郊外〉が、一九二〇年ごろには行楽地としてにぎわいはじめたのである。多摩川を越えて、八王子、高尾山までが出てくる。二十年の間に、東京は一挙に拡大していったのであった。

「武蔵野は私に取っては忘れられないところである。どういう意味から考えて見ても、面白い興味のあるところだと思う。」と花袋は書いている。

「高尾山」のところを見ると、「中央線の浅川駅で下車」とある。ここから西へ半里行くと高尾橋で、ここから登りである。まだケーブルはない。

花袋の本から百年ほどたっている。古い旅行記を読みながら、今を歩くのが好きだ。〈武蔵野〉が重層的な時の中で浮かんでくるように思える。まるで百年を旅しているようだ。

花袋の本は今日の旅行ガイドブックのはしりといってもいいかもしれない。こういう本が必要になったのは東京の郊外が一挙に拡大し、変化したからである。花袋は代々木に住んでいたのだが、静かな田園が急に住宅地になってにぎやかになったことを伝えている。

「この近所では見ることが出来なかった綺麗なハイカラな細君が可愛い子供を伴《つ》れて歩いていたりする。」

都市部が広がるだけでなく、郊外に舗道がのびてゆく。都市生活者は密集して住むので、休日には郊外に行楽に出るようになる。そこでガイドブックが必要になる。私たちが知っている〈観光旅行〉の時代がはじまるのだ。

〈武蔵野〉とはどこまでをいうのだろう。この本では、すでに多摩川をこえ、八王子、高尾山のあたりまでを含んでいる。私たちの考える〈武蔵野〉とほぼ近い広がりがあつかわれている。

（現代教養文庫　博文館　一九一八年）

寄り道が楽しい
中杉、早稲田通り

西武池袋線の中村橋駅のそばに練馬区美術館がある。先日、美術館に行ったついでに、中村橋から南下し、阿佐ヶ谷の方に出る中杉通りを歩いてみることにした。

猛暑日がつづく夏の土曜日、中村橋を出発する。練馬区は東京都でも最も熱いところであるらしい。汗が噴き出てくる。

駅を出ると、すぐに広い通りに出る。千川通りである。それを渡って南へ進む。中杉通りは中野区と杉並区を通るからその名がついたのだろうが、実際は練馬区、中野区、杉並区を通る。商店街と住宅街が適度に混ざっていて、ゆるやかに曲がっていて、私が好きな通りである。また、両側に古い寺や石仏などがあって、寄り道も楽しい。

千川通りの次の信号を左（東）へ曲がる。中村公園の先の信号の十字路に出る。この十字路を斜めに横切っている細い道がある。これは下練馬道といわれ、鎌倉時代につくられた〈鎌倉道〉の一つであるという。

十字路の少し南から斜めに南西へ向かう古道に入ると、角に稲荷社と石造の不動尊がある。この不動尊は伊勢原の大山不動尊を分霊したものだという。

私は伊勢原の雨降山大山寺のことを思い出した。伊勢原にいた友人が連れて行ってくれた。あの時も、ズボンまでぐっしょりと濡れるほど汗をかいた。その友もういない。私は今、ここを一人で歩いている。

鎌倉道を少し行くと良弁塚があった。ここに「石幢《どう》七面六観音勢至道しるべ」という石の道標がある。良弁が鎌倉道に経塚をつくって道しるべにしたと伝えられる。

ここから東へ五百メートルぐらい行くと、南蔵院という大きな寺がある。真言宗豊山派である。良弁が、ここに住んだと伝えられる。良弁というと奈良東大寺を再興した良弁上人が知られるが、それとは別の人であるらしい。

南蔵院から西へもどってくると、八幡神社がある。このあたりの鎮守で、南蔵院はその別当寺であった。御手洗石には卍が刻まれていて、神仏混淆だった時代を伝えている。神社の北には「首つぎ地蔵」がある。昭和七年（一九三二）、首なし地蔵に、たまたま見つかった首をついで見たらぴったりだったという。

さらに、その時代は大不況、大失業の時代だったので、首切りをまぬがれるという御利益があると噂になり、大にぎわいしたという。なにやら今でも切実に感じられる話である。

八幡神社から北へ向かうと、御嶽《おんたけ》神社に着く。昼でも、うっそうとして暗く、神秘的な気分がする。幕末に谷原の増島大伝という行者がつくった信衍《しんえん》講という団体によって受け継がれてきた修験道であるらしい。木々が繁り、暗い闇に包まれた神殿に、ぼんやりと灯明がゆらめいていた。

そこからすぐ西が中杉通りである。また暑くなる。自動販売機で冷たいお茶を買って飲む。そのあたりで練馬区が終わって、中野区に入る。上鷺宮である。うまそうなパンの匂いがする。パン屋がある。私はユニークなパン屋があると入らずにはいられない。焼きたてのくるみパンを買う。すぐ食べるわけではないが、散歩をする時、パンを持っていると、公園やお寺の境内で一休みした時など、ひとかじりする。

大きな通りに出る。新青梅街道である。それを渡ると、中杉通りは商店街らしくなってくる。西武新宿線の鷺ノ宮駅に向かって下って行く。私はコーヒーを飲みたくなり、カフェに入る。ここで中野区の地図と資料を見て、コースのプランを立てる。

リフレッシュして出発。西武新宿線の鷺ノ宮駅の踏切を渡ると川がある。妙正寺川である。川沿いに行くと、南に鷺宮八幡と福蔵院が並んでいる。もとは神仏一体であった。

福蔵院は、南蔵院と同じ真言宗豊山派で不動明王を本尊としている。参道に並んでいる十三仏がそろっているのは都内で珍しいという。

鷺宮八幡は、昔は杉が密生し、鷺がいっぱい集ったという。鷺大明神といわれたそうだ。今は杉もまばらになってしまった。

また中杉通りにもどる。ここに福蔵院の交通厄除不動尊のお堂があり、石仏などが集められている。このあたりは石仏、石塔などが多い地区であり、それだけ古くからの交通路が集っていたところなのだろう。

中杉通りを南へ進むと、鷺宮八幡の前を通って、中杉通りを斜めに横切る細い道がある。これも昔の鎌倉道であるという。

さらに進むと、西側の角に庚申前の石仏群がある。五体の石仏が並べられている。向かって右の三体は青面金剛であり、左は地蔵と観音のようだ。

庚申の石仏から一つ先の角を東へ入ると、背の高い木が繁って、密林のようになっている屋敷森がある。昔の地主は屋敷のまわりに木々をめぐらしていた。このあたりも、緑の森におおわれていたのだろう。今は、このような屋敷森も少なくなった。

練馬、中野、杉並といった地区が森であったところを想像してみる。今は住宅街となり、マンションがそびえ、緑地もまばらになった。それでもところどころに、まだ武蔵野は残っている。

このあたりで中杉通りは中野区から杉並区の下井草に入る。ここで早稲田通りにぶつかる。中杉通りはさらに南下し、中央線の阿佐ヶ谷駅を経て、営団地下鉄線の南阿佐ヶ谷駅のある青梅街道までつづく。

しかし、ここで私は早稲田通りに曲がって、東へ進むことにした。中杉通りから早稲田通りに移るとすっかり雰囲気がちがってくる。中杉通りはバスがやっとすれちがえるくらいで、歩道も狭いが、それだけに、こじんまりして居心地のいい街なのだが、早稲田通りは、まっすぐで広く、両側の歩道は鉄柵で仕切られ、車道は交通量が激しい。両側は並木がつづいていて、今の季節、青々としていて美しい。しかし、両側の歩道と商店街は、こちら側とあちら側にはっきり分かれていて、二つの商店街に分離してしまっている。歩いていても、向かい側はよく見えない。

早稲田通りをしばらく東へ進むと、右手に杉森中学校があった。バス停にもあるが、このあたりに「お伊勢の森」が広がっていたという。日本武尊が関東に来た時、このあたりに宿泊したので、それを記念して神明宮を建てた。そして建久年間（一一九〇～一一九八）に横井兵部が伊勢参りをし、宮川の石を持ち帰って祀ったので「お伊勢の森」というようになった。

古歌に「老松や　青く茂りて　御伊勢山　ときの巣造る　神徳の松」とある。かつてはトキがこのあたりにもいたわけである。

中学校の西側を入っていくと、「Aさんの庭」という公園があった。近藤謙三郎が一九二四年に建てた邸宅跡である。近藤は関東大震災の時、震災復興局にいた人で、ここに和洋折衷の家を建てた。バラ園で知られ、「バラの家」ともいわれた。

取り壊されることになったが、保存されることになった。しかし残念なことに平成二十一年に火事で失われ、庭として公開されている。いろいろ考えさせられる。私はこの庭に座り、さっき買ったパンをひとかじりした。まだ、ほんのりとあたたかかった。

このあたりには、「お伊勢の森」が広がっていた。その名残りがところどころに森のかけらとして緑の木陰を落としている。

早稲田通りにもどる。杉森中学校の向かい側に渡る。ちょうど早稲田通りが境界になっていて、北側は中野区である。ここに蓮華寺がある。元は文京区小石川関口台町にあったが、明治四十一年（一九〇八）にここに移された。

蓮華寺は日蓮宗で、本門寺十四世日優が万治元年（一六五八）に開いた。三代将軍家光の側室阿楽の方が、四代将軍家綱を生むのに、日優の祈祷に助けられたとして、阿楽の方や、その母泉光院が建立したという。

境内には「山荘の碑」がある。山荘というのは山屋敷、切支丹屋敷ともいわれ、切支丹奉行井上筑後守政重の別邸で、キリシタンを捕らえ、ここで取り調べをした。新井白石がシドッティを調べ、『西洋紀聞』を書いたことはよく知られている。厳しいあつかいで、多くのキリシタンの犠牲者を出した。「山荘の碑」は殉教した遊女浅妻を悼み、間宮士信が文化七年（一八一〇）に建てたものである。

切支丹屋敷は茗荷谷にあった。山荘の碑は蓮華寺とともにここに移されたという。歩いてみると、なぜこの碑がここにあるのか、それはどこからやってきたのか、歴史の変化といったことが、とても身近に感じられるような気がする。

早稲田通りにもどる。もう、今日の終着駅である高円寺が近い。やがて駅へ曲がる高円寺通りの入り口が見えてきた。にぎやかで楽しい高円寺商店街に入る。汗まみれで、足も重くなっていたが、急に元気が出る。知っている店や食堂が迎えてくれる。

駅の手前で左へ折れる。その近くの古書会館で、高円寺古書展をのぞくのが今日の最終予定なのだ。

今日は、練馬、中野、杉並という三つの区を通り抜けてきた。あちこちで、鎌倉時代の古道の端切れに出合った。それらの古道はまっすぐではなく、細く、気を付けていないと見逃してしまうほどの小さな、かすかな道であった。しかし中杉通りをたどって行きながら、それらの隠れ道を私は探し出すことができた。それらの細道は、はるかに鎌倉までつながり、小さな道の交叉も、遠い彼方まで延びていることに気づいた。

その別れ道のところで、私は懐かしい友だちの思い出に出会った。私は一人で歩いているといったが、そうではなかったのかもしれない。もしかしたら今日、私は、君と一緒に歩いていたのだったのかもしれない。

歴史が見え隠れする

目黒から中目黒

目黒については駅のまわりは知っていたが、中目黒についてはあまり知らない。しかし、ちょっと変わったギャラリーがあったりして、おやっと思わせる。そこで歩いてみることにした。

目黒駅から出発する。西側に出て、権之助坂と東急目黒駅の間の道を西へ歩く。やがて急な下り坂である。行人坂と呼ばれる。目黒は坂が多く、起伏に富んだ地形である。この坂から富士山がよく見え、富士茶屋という茶店があったという。そして、ここは〝夕日の岡〟といわれた。

坂の途中に小さなお堂があり、目黒橋架橋供養の勢至菩薩が建てられている。説明板によると宝永元年（一七〇四）に西運という行人が橋をつくったという。両岸に石壁を築き、雁歯橋を架けた、とあるが、雁歯橋とはどんなものだろう。雁の歯のようにギザギザしたもの、雁木のこと、などと辞書にある。はっきりわからないが、両方から桟をせり出していってアーチ状の橋をつくったのではないだろうか。

この橋は行人坂を下ったところにある目黒川に架かっている。太鼓橋と呼ばれているので、アーチ状だったわけである。今のコンクリートの橋は平らになっている。

行人というのは修験道の行者のことである。このあたりは湯殿山の行人が集まるところであったらしい。西運もその一人で、目黒不動と浅草観音を毎日往復し、人々に寄進を受けて橋の費用としたという。

橋供養の碑のすぐ下に大円寺がある。その隣に目黒雅叙園がそびえている。大円寺は、出羽湯殿山の修験僧大海が寛永元年（一六二四）に大日如来を本尊とする道場を開いたのがはじまりといわれる。その結果、行人が集まるようになった。

行人坂は、振袖火事、車町火事と並ぶ、江戸三大火事である行人坂火事で知られている。明和九年（一七七二）には大円寺から火が出て、江戸六百二十八町を焼いた。寺僧の放火といわれる。

よくわからないのは、八百屋お七の井戸とか、碑がこのあたりにあることだ。伝説によると、お七の恋人吉三が、お七が処刑された後、出家したのが後の西運だということである。ともかく、大火を引き起こした大円寺は幕末まで再建を許されなかった、という。

行人坂を下りて目黒川の太鼓橋を渡って進み、柳通りに出て左に向かうと、広い山手通りにぶつかる。それを渡って、右へ入ると不動門前通りである。行人坂からここにいたる道は目黒不動尊への参詣道として江戸時代ににぎわったのである。

不動門前通りは昔は大変なにぎわいであったというが、今は少しさびれ、それが風情を誘う通りとなっている。成就院《じょうじゅいん》は三匹のタコに支えられた薬師如来が本尊で、〝蛸薬師〟といわれている。

門前通りをさらに行くと目黒不動尊（瀧泉寺《りゅうせんじ》）に着く。仁王門をくぐると正面に前不動堂と、独鈷《どっこ》の瀧がある。伝説ではあるが慈覚大師円仁（七九四～八六四）が独鈷を投げると落ちたところから水が湧いたので、そこに寺を建てたという。

池の中に水かけ不動尊が立っている。お参りした人が、ひしゃくでそれに水をかける。私たちの代りに瀧水に打たれ、厄や、けがれを払ってくれるという。私もいっしょうけんめいに水をかけてきた。

そこから石段を上がると大きな本堂がある。江戸時代、三代将軍がこの地で鷹狩りをし、ここで休憩したこともあって、急ににぎわうようになった。

本堂の裏から墓地に出ると、青木昆陽の墓がある。昆陽は大岡忠相の後援を得て、飢饉で米がとれない時の食料としてサツマイモの栽培をすすめ、目黒で試作したという。

墓地から下ると山手通りである。北へ進むと、弁天様がいる蟠龍寺、切支丹灯籠のある大聖院があり、目黒通りとの角に大鳥神社がある。日本武尊が白鳥になって飛び去ったという話が名前に結びつけられている。

目黒通りを渡って、すぐに山手通りから西へ斜めに入り、細い曲がりくねった道を進むと、やがて急な上り坂になる。十七《じゅうしち》が坂という。このあたりの坂の名が面白い。十七が坂を上りきったところに庚申塔がある。この中の宝篋《ほうきょう》印塔は都内最古だそうである。坂は下りになり、右手から上がってくる馬喰《ばくろ》坂と交叉する。それから少し上りになり、右手に不思議な形の彫刻が見えてくる。現代彫刻館で隣の長泉院の附属であるという。お寺と彫刻の関係に頭をひねったが、私はのぞいてみることにした。予想以上に、いい美術館だった。

しばらく彫刻を楽しんでから、私はまた歩き出した。すぐにまた庚申塔のある辻に出る。この道は庚申道といわれるほどあちこちに庚申塔がある。江戸庶民の信仰の道だったのだろう。この辻にあるのは「藤の庚申」と呼ばれている。うしろに藤の木があるからだ。

ここを左折して中町通りに出る。右手に菅沼権之助の墓がある。目黒駅前の権之助坂に名を残している人で、中目黒の名主であったという。彼は行人坂が急で細いので、その横に広い新坂を切り開いた。しかし、無許可であったとして役人に処刑されたという。人々は新坂に彼の名をつけた。

中町通りから右へ上ると祐天寺である。目黒不動とともに目黒の信仰の中心である。江戸時代に非常に人気があった祐天上人をしのんで、弟子の祐海が享保三年（一七一八）に建立した。将軍吉宗の保護を受け、大きくなった。

本堂に向かおうとした時、自転車に乗った女性がその前で止まり、自転車を降りて本堂の階段を上り、お賽銭を投げて、じっと手を合わせ、長いこと祈っていた。私がしばらく見とれていたのは、外国の女性だったからだ。はっきりわからないが、ロシアか、東欧の人のように見えた。階段を下りて、うしろで待っていた私にほほえむと、自転車に乗って走り去っていった。私は、しばらくぼんやりと見送っていた。

祐天寺の境内には累塚《かさね》がある。祐天上人が飯沼弘経寺にいた時、怨霊となってさまよっていた累を回向し、成仏させてやったという伝説があった。累はあまりに醜かったので夫に殺され、化けて出たという。歌舞伎にとりあげられ、累物といわれるほど多くの作品がある。累物を上演する時に、祐天寺にお参りして、厄ばらいをするそうである。目黒には歌舞伎と関係がある場所が多い。目黒不動の門前にも白井権八と小紫の比翼塚があった。歌舞伎の舞台と結びついて、目黒は江戸の人々の新しい街になっていたのだろう。

祐天寺の正門を出ると駒沢通りである。右（東）へ行くと恵比寿駅の方へ向かう。私は左の学芸大学の方へ向かった。すぐにまた庚申碑があった。「さわら庚申」と呼ばれ、立派なお堂に三基の碑が立てられている。中央の元禄五年（一六九二）のものという青面金剛が見事だ。

少し先の交叉点で信号待ちをしている時、ふっとコーヒーの香りがして、ああ飲みたい、と思った。左を見ると、コーヒー豆の販売店があり、コーヒーも飲めるらしい。コーヒー・

ブレイクにした。おいしいコーヒーであった。一杯二百八十円がとてもぜいたくに感じられた。

また駒沢通りを歩きはじめる。東急東横線の学芸大学駅のガードが見えてくるあたりに十日森稲荷神社があった。上目黒村五本木組の鎮守である。このあたりの村は江戸時代、〈組〉という共同体をつくっていた。

ここから少しもどり、駒沢通りを渡って左（西）へ入ると目黒区守屋教育会館があり、隣に図書館がある。教育会館に郷土資料室があり、参考になった。教育会館と東横線の間の道を祐天寺駅の方に向かう。すぐに五本木庚申塔群のお堂がある。庚申塔が四つ、地蔵が一体、並べられている。五本木組がつくり、守ってきたのだろう。

この道は、鎌倉時代の古道、鎌倉道の一つであったという。首都鎌倉に関東の人たちが向かった道の一つだったのだ。祐天寺駅の前を通る。なにげない商店街のようであるが、古い歴史のある道なのだと思うと、あたりの眺めも興味深いものとなる。

やがて道は東横線の下をくぐり、さらに北へ進む。下り坂になる。稲荷坂と呼ばれている。下りきり、東西に連なる道と交叉する。昔はここに蛇崩川《じゃくずれ》という川が流れていた。暗渠となり、今は緑道になっている。蛇崩川という通り、しばしば洪水になり、流れを変えていたらしい。中目黒駅の近くで目黒川に注いでいる。

稲荷坂を下り、蛇崩川緑道を過ぎると上りになる。この高台は諏訪山または宿山と呼ばれていた。ここには宿山組という共同体があった。その氏神が烏森神社である。その裏手を上るとやがて急な下りになる。この道は旧鎌倉街道で、坂は小川坂で一気に下ると大通りに出る。大鳥神社の交叉点で分かれた山手通りである。南へ向かうとすぐに東横線中目黒駅である。

この駅の周辺は、しゃれたブティックや、レストランが集まっていて、若者に人気の街で、ガイドブックも出ているほどだ。私も先日、「デッサン」というギャラリーにロシアの絵本展を見に来て、中目黒に興味を持った。しかし駅の周辺だけでなく、その背後に、今日まわってきたような、古い歴史の跡が豊かに残っているとは知らなかった。

鎌倉時代の古い道、蛇崩川の川筋、そして十七が坂などの坂道を歩いたことで、私は〈目黒〉ととても親しくなったように思えた。

豊かな水と、緑の樹々

石神井公園のまわり

夏の終わりの一日、私は石神井公園に出かけた。

西武池袋線の石神井公園駅で下りる。南口に出るとすぐ公園であるが、その前に北口に出て、線路沿いに少しもどる。笹目通り（環八通り）に出る前に長命寺がある。

長命寺は東高野山といわれ、真言宗の寺である。江戸時代に和歌山の高野山を模してつくられた。その起源として伝えられているのは小田原北条氏の臣増島重明が北条氏滅亡の後、出家し、弁慶と称し、高野山で修行し、関東にもどり、この地（谷原）に慶長十八年（一六一三）庵を結んだという話である。重明の子重俊が寛永十七年（一六四〇）、寺を建立し、長谷寺小池坊の僧秀算が長命寺と命名したという。

徳川家光に朱印を与えられ、幕府公認の寺であった。江戸時代には、高野山に行けない庶民たちが代りにお参りをし、とてもにぎわったそうである。高野山は女人禁制であったが、こちらはフリーであったから、女性も集まったらしい。

何度も火事で焼けたので、古い建物はないが、石仏がいっぱいあって、それぞれに楽しい。特に地獄を支配する十王たちの石像群がそろっているのは珍しい。静かな境内をめぐり、石仏たちの表情に見とれていた。

長命寺を出て笹目通りを南へ進み、西武池袋線を渡ると川に出る。石神井川である。川をさかのぼるように西へ向かう。すると、石神井公園に着く。現在の石神井川は石神井公園の南を流れ、水源は小平市の小金井カントリー倶楽部のあたりらしい。しかし、かつては石神井公園の三宝寺池の水も合していた。かつては、あちこち流れを変える暴れ川であったが、昭和期になって、ようやく水路が確定したようだ。

さて、東京の人はなんとなく知っているが、よその人に石神井をシャクジイと読めるだろうか。知っている人でもなぜ石神井がシャクジイなのかわからない。柳田國男は、シャクジイを石神《せきじん》がなまったものと解釈した。『武蔵風土記』では、井戸を掘ったら石が出たので、神として祀ったという話を伝えている。古代人が石を神とした原始信仰があったと見られる。信州の諏訪にはミシャグジという古い神の話が数多くある。石神井川も、信州からやってきた人々の信仰と関連があるのかもしれない。

興味がわいたので調べてみたが、ミシャグジについてはまだよく分かっていない。しかし、その研究は二十世紀後半になってようやく進んだものらしい。その結果、ミシャグジ＝石神という柳田説も考え直さなければならなくなった。石神をセキジン、シャクジと読んだのではなく、シャクジに石神の字を当てたという可能性もあるからである。

どちらが正しいか分からない。しかし、石神井という名に謎がこめられ、想像力をかきたてられる。

ようやく石神井公園に着いた。この公園は東西に細長くのび、つながっている二つの池からなっている。西の池が三宝寺池、東の池が石神井池である。三宝寺池が水源で、石神井池は後でつくった人工池である。

石神井池の東の端にボート乗り場がある。ここの売店でコーヒーとアンパンを買って、その前の藤棚の下で一休みする。夏の暑さがちょっとゆるんで、散歩日和である。それから木々が繁った池の南岸を歩いた。

大木の下にベンチとテーブルが置かれている。そこに座って、持ってきた資料を読む。黄色い帽子の子どもたちが遊んでいる。夏の終わりを惜しむかのように、耳が痛いくらいの蝉しぐれが降り注いでいる。私は、ふと今年は、夏休みといえるような時間がなかったことに気づいた。忙がしいわけではなかったが、日々が同じように、だらだらと過ぎていった。しかし今、公園の木々の下に座っていると、ここにいることが私の夏休みなのかもしれない、と思ったりした。

こんな夏休みがまた来年、くるだろうか。私はふと、今年、訃を聞いた友のことが浮かんだ。そして長いこと会っていない友について思った。

古池の風情が残る石神井公園三宝寺池

気がつくと、いつの間にか黄色い帽子の子どもたちは保母さんとともにいなくなってい た。あれは、もしかすると保育園の園児ではなく、森の小人たちだったのかもしれない。

そんな夢想から覚めて、私は立ち上がり歩き出した。やがて石神井池が終わり、道に出る。それを渡ると、三宝寺池がはじまる。石神井池はボート遊びなどをする、まわりが開けた明るい池であったが、三宝寺池はまわりが森に囲まれた陰影に富んだ池である。そのほとりには、かつて中世の城があった。木々などの自然だけでなく、歴史も影を落としているのだ。

まず池の北側を回る。蓮や水草などがぎっしりと生える沼沢植物群落がある。水鳥も豊かである。北岸の高台に上がっていくと殿塚、姫塚がある。池の西端には弁天堂があり、それをまわって南岸に出ると、石神井城があった高台がある。かつて豊島氏の城で、鎌倉末期に築かれたという。豊島氏は、豊島区にその名を残しているが、今の豊島区、練馬区のあたりの領主であった。

文明九年（一四七七）、石神井城主豊島泰経は、関東管領の上杉方に叛し、長尾方についたので上杉方の江戸城主太田道灌に攻められ、石神井城は落ちた。泰経は黄金の鞍をつけた馬もろとも、三宝寺池に入水し、彼の二女照姫も入水したという。殿塚、姫塚は二人を祀ったものと伝えられる。もっとも泰経は逃げたと歴史にあり、黄金の鞍ごと沈んだというのは伝説のようだ。その鞍が池に沈んでいて、発掘されたとなると面白いのだが……。

石神井城跡は、堀や土塁などが発掘されているが、保存のために一般の人は入れないので、まわりから見るだけである。

城跡の南には、豊島氏が開いたといわれる三宝寺、道場寺がある。三宝寺は真言宗で、もとは下石神井にあったが、豊島氏の滅亡後に、太田道灌がここに移した。将軍家光が鷹狩りの時に立ち寄ったといわれ、山門はそれを記念して御成門といわれた。

山門の東側に長屋門があるが、これはかつて勝海舟の邸「兎月園」の門であったという。練馬の旭町にあったのを、昭和になってここに移したらしい。豊島氏からはじまり勝海舟まで、なかなかにぎやかな話題を持つ寺である。

道場寺は、曹洞宗で、豊島氏の菩提寺である。応安五年（一三七二）、豊島景村の養子輝時が建立したという。最後の石神井城主となった豊島泰経などの墓が残っているが、公開されていない。

豊島氏は滅んでしまったが、その寺であった三宝寺や道場寺は、江戸に入ってきた徳川氏によってあらためて保護され、今もつづいている。そんな歴史の重なりをちらりとのぞいたような気がした。

石神井城跡を下り、三宝寺池にもどる。この池は善福寺池、井の頭池などとともに、渾々と水をあふれさせていた。だから、かつて石神井川の水源だったわけであるが、今は涸れてしまった。石神井川はずっと西から水源を取り、この池からはずれてしまった。今見ている池の水は、澱んで、流れてはいないのだ。かつて豊かに水が湧いていた武蔵野はどうなっていくのだろう。

石神井公園を出て、二つの池の間を通る井草通りを南へ進むと、今は三宝寺池とは離れてしまった石神井川に出る。川沿いに西武新宿線の武蔵関駅まで出ることにした。しかし、川沿いの道は緑地整備のため工事中であったので、川をはずれて歩いているうちに、少し方向をまちがえ、上石神井通りを南へ下ったらしく、武蔵関より一つ手前の上石神井駅に着いた。

まだ歩けそうなので、そのまま線路を渡り、さらに南へ進むと千川通りに出た。あらためて地図を見直し、千川通りを西へ行き、吉祥寺通りに出て、南下して中央線の吉祥寺駅まで歩くコースに変更した。

やがて青梅街道に出た。これを渡って、そのまま進めば吉祥寺通りにぶつかるはずである。しかし、ここで二叉道になっていて、左へ行くべきなのに、右へ入ってしまった。そのために、いくら行っても吉祥寺通りに出ない。途中で気がつくと、どうやらこれは、練馬区と杉並区の境界を通る道らしい。ともかく、これを南へ行けば、いくらか東寄りではあるが吉祥寺に着くようだ。

迷ったら迷った道を行く、というわけで、私はそのまま歩きつづけた。特に変わったものはないが、忘れられたような旧道が残っていたりする。練馬区、杉並区、武蔵野市が接している地点を通り過ぎて、武蔵野市の吉祥寺東町に入る。吉祥寺は短冊状に区画が整備されている街で、この通りは宮本小路というらしい。女子大通りを渡り、五日市街道に出る。もう吉祥寺駅前の繁華街がはじまっている。私の好きなパン屋、古本屋に寄っていこうかな、と思ったりする。小さな旅も終わりに近づいている。

今日、石神井公園の蝉しぐれを浴びながら、過ぎ去った古い時について思った。石の神ともいわれるシャクジイという原始信仰について知ることができた。三宝寺池の南側では縄文遺跡が発見されている。古代人が住むのに適していると選んだ場所なのである。そして中世戦国の歴史がそこにつづいている。

小田原北条氏の臣が開いた長命寺、そして豊島氏の石神井城などの、古い時のざわめきを、私は公園で聞いたように思った。その響きは私の中の、失われた友人たちの思い出を呼びさました。

公園のベンチに座っている私の横に、彼らも座っているように思えた。ふりかえると、そこにはだれもいなかったが……。

武蔵野文庫

『武蔵野歴史探訪』　段木一行

歴史案内であるが、地区やコースによってもれなく史跡を案内するガイドブックではなく、武蔵野の古代からの歴史をゆったりたどりながら、史跡や歴史、伝説をその流れの中で語ってゆくスタイルをとっている。全体のつながり、流れを知るのにいい本である。

武蔵野の水流は、次のように説明されている。

「武蔵野は青梅を要《かなめ》として広がる広大な扇状地である。その例にもれず地上に流れが少なく、ほとんどは伏水として地下を流れ、通水性の乏しい地層の上をすべて湧水となる。

この武蔵野にも昔から名の知られてきた湧泉があったが、近年の都市開発で、この地下水を汲み上げてきたため、緑に覆われた武蔵野の池泉は、そのほとんどが枯渇しているのである。

地層の上部を流れて地上に出てきたかつての湧水が枯れたので、さらに深い層まで水ポンプで上げて池を満たすといった方法がとられてきたが、その深層地下水も枯れつつあるという。また、深層の水は上層の水とは成分がちがうので、それを池に入れると、それまでの池の生物に合わないで死んでしまったりするそうだ。

かつて私たちが飲んでいた武蔵野の水は青梅から地下水道を通ってやってきた。しかし、私たちは今、どこからきた水を飲んでいるのだろう。」

この本の解説はいろんなことを考えさせ、想像力を刺激するので、とても参考になる。かつて武蔵野をめぐっていた「鎌倉道」についても「新宿区から面影橋を経て豊島区へ通じるこの曲折に富む道が鎌倉往還だったと言われ、雑司ヶ谷鬼子母神前のケヤキ並木に結び付く。」とある。

私は、この近くで生まれたのでなんだか懐かしい。自分の知っている場所と、歴史がふと交叉する時にある親しさが生まれる。

（新人物往来社　一九七二年）

国分寺史跡を経て古書の街へ
小金井から西国分寺、国立

今日は探したい資料があるので、図書館や古書店をめぐりながら散歩したい。京王線の府中駅から出発する。

北へ歩いて、府中市の中央図書館に行く。ゆったりとしたスペースの快適な図書館で、いつも利用させてもらっている。

私が探している資料を検索してみると、中河原にある住吉分館に在庫していることがわかった。取り寄せてくれるというが、そこに行くのも楽しみなので、他の日に見にいくことにする。

図書館の前からJRの武蔵小金井行きのバスに乗る。少し東へ進み、左へ曲がる。この道は小金井街道で、やがて府中の森公園の脇に出る。公園の北側には府中市美術館があるので、このバスにはよく乗る。

美術館を過ぎても、右側に雑木林がつづいて気持ちがいい。

やがてバスは府中市から小金井市に入る。東八道路を渡り、貫井横丁のあたりにさしかかると、左手にさまざまな庭木や、花が植えられている造園業の庭が見えてくる。小金井は植木の産地として知られている。貫井《ぬくい》という地名とともに、私はこのあたりを通るのが好きだ。

野川を渡ると前原坂を上っていく。坂上で連雀通りと交叉する。ここから商店街に入り、すぐに武蔵小金井駅南口に着いた。バスの終点である。ここで中央線を渡る。かつて開かずの踏切りとして知られていた。やっと開いても、すぐに電車が来るので、渡り切るのが大変であった。事故も多かった。しかし、やっと電車は高架となった。

駅前の「伊東書房」という古書店をのぞく予定であったが、あいにく閉まっていた。私は向かい側のパン屋で、パンとコーヒーの昼食をして、府中の図書館でコピーしてきた資料を読んだ。

武蔵小金井は、小金井街道という旧道が通っていたところで、以前にはかなり古い街並を残していた。とてもいい古本屋があって、ずいぶん昔から私は通っていた。

その本屋は連雀通りの小金井市役所のそばにあり、古い建物の洞窟のような雰囲気の店で、見るからに好人物のご夫婦がやっていた。建物が取り壊しとなるとともに、店もなくなった。あの人たちはどうしているだろう、などと思った。

武蔵小金井駅から中央線に乗る。

いつもは国立駅まで行くのだが、今日は一つ手前の西国分寺駅で下りる。国立まで歩いてみたいと思った。

武蔵野線の西側を南へ下っていく。公団住宅の間の並木道を歩く。史跡通りという。途中の説明板によると、天平十三年（七四一）に、武蔵国分寺が建立されたが、元弘三年（一三三三）、新田義貞と北条泰時の戦いで焼失した。この道は、その国分寺へ向かう道だという。

やがて小さな遺跡公園に出た。これは、縄文中期の遺跡の記念公園で、柄鏡形《えかがみがた》敷石住居跡が復元されていた。楕円形の敷石住居と、柄の形のような細長い入り口がついている。遺跡公園からまもなく、小高い丘があり、その東側の谷の道を抜けると広場に出る。ここが国分尼寺の遺跡である。東側の武蔵野線をくぐると国分寺遺跡がある。以前に国分寺跡を見に来た時、ついでに国分尼寺跡にも来たのだが、西国分寺駅から来たのははじめてであった。はじめての道が、前から知っている道と急につながるとなんだか思いがけなくて、うれしいものである。ばらばらな体験や知識が、ひょいっとつながって、全体的な地図が描けたような気がするからだろうか。

国分尼寺跡の西側には黒鐘公園がある。大きなすべり台や、ロープで坂を登ったりする遊具があって、親子連れでにぎわっていた。その背後の丘は雑木林の散歩道となっている。かさかさと落葉を踏みながら、冬の晴れた日を歩いてゆく。風もなく、冬にしてはあたたかい。いい日に来たな、と私は思い、だれかにそのことを感謝したくなった。

黒鐘公園はさらに西の武蔵台公園へとつづいている。寒椿の赤や、紅梅のほんのりしたピンクが枯木の中で鮮やかに色づいていた。

武蔵台公園の西のはずれの七小通りを北へ歩いた。静かな住宅街を抜けると、見覚えのある通りに出た。多喜窪通りである。国立から府中駅へ行くバス通りで、多摩蘭坂の下である。タマラン坂を音で聞くと、坂が急でタマランのかな、と思ったりする。

この通りに出てくるとは思わなかった。すると、さっき、史跡通りの住宅を抜けたところで渡った通りは、この通りだったわけだ。何度もバスで通っているのに、少しも気がつかなかった。

多摩蘭坂から西へ向かい、左へ曲がると、国立駅から放射状に出ている旭通りに出る。この通りには昔、古本屋が二軒あった。まず手前の「ユマニテ書店」は健在であった。左翼関係の古い本がそのまま残っているような不思議な店である。ひさしぶりにのぞいてみると、棚は昔のままのように見える。こんな店がつづいているとはうれしくなる。

駅に近い、もう一軒の古本屋はなくなっていた。

国立駅前には、「みちくさ書店」がある。一階と地下があり、本の種類も豊富で、動きがある。以前は芸術書が多かったが、最近は少ないような気がする。その点は私には残念である。

古戦場の面影を残す武蔵国分寺史跡

駅正面の大学通りには「銀杏書房」がある。洋書の絵本が専門で、このごろ絵本を集めている私は、わくわくする。もっともいい本で、ものすごく高価な本があったら、どうしようかなどと心配にもなる。今日は、ぜひほしい本はなく、残念ではあるが、ほっとしたりした。

国立で一番好きなのは、「西書店」である。駅の少し西にある。ここも洋書店で、経済書が中心であるが、歴史や芸術の珍しい本がある。なによりご主人の知識がすばらしい。こんな本を、というとたちどころに答えてくれる。ずいぶん、いろいろなことを教えてもらった。

親しい本屋さんは、あまりにたびたび来るので、自分の書庫よりも、どこに、なにがあるかわかるような気がする。私は、それらの本とそれぞれあいさつすることにしている。「やあ、ひさしぶりだね。君はまだがんばっているね。この次、ぜひ、君を買いたいから、どうか、それまで残っていてほしい」などと言ってみたくなる。

西書店もそんな本屋さんの一つなのである。このごろはインターネットなどによる本の検索が一般的になり、本屋さんに来て、手にとることは少なくなったといわれる。それでも私は街を歩き、本屋に入り、棚をのぞき、店の人と話すだけでなく、本と話すのが好きで、まだ本を探して散歩しているのだ。

国立駅周辺の本屋をまわってから、駅から放射状に出ている通りの、さっきの旭通りとは反対側の富士見通りに入る。この通りも好きな通りだ。小さな店が並んでいる商店街で、おいしいパン屋もあり歩くのが楽しくなる通りである。

国立音大の前を通り過ぎたところで右へ入る。郵政大学校の横を通る。このあたりで国立市は終わり、立川市に入る。羽衣町である。ここには大型の古書店「ブックセンター」がある。一階と二階のフロアにゆったりと本が並べられている。一階はマンガと文庫で、二階に単行本が置かれている。ほとんどは雑書で、いい本は少ないが、それでも思いがけない珍書にぶつかることもある。ともかく本が好きな私は、何時間でも見ていたいと思うのだ。

私はまず、芸術書の棚のところに行ってみる。もっとも、ずっと芸術の本を見てきているから、ほとんど目新しいものを見つけることはあまりない。美術書の出版が減ってきているせいでもある。それでも、なにかないかなあ、とあきずに眺めている。だれにも気づかれず、評価されなかった、忘れられた、すばらしい本が、私が手に取るのを待っているのではないか、と思ったりするのである。

「ブックセンター」を出ると、日が傾き、ひんやりとしてきた。そろそろ、今日の本探しの散歩も終わりであった。

探していた本は見つからなかった。それでも、あちこちでつい買ってしまった本がたまって、ずっしりと重くなっていた。歩きまわるとつい本を買ってしまう。本を買うことも、歩きまわることも、なかなかやめられない。

今日もそうだったが、本を探す散歩は、とめどない。ここで終わりということがないのである。つい、もう一軒見にいこう、とのびてしまう。なぜなら、探している本がなかなか見つからないからだ。

ずいぶんと歩いた割には探している本は見つからず、収穫は少なかったようだ。私はすっかり疲れて、とぼとぼと歩き、南武線の西国立駅に着いた。少し暗くなりかけていた。

本を探すという最初の目的は果たせなかったのであるが、府中から武蔵小金井、国立、西国立にいたる散歩は、なにか意味があったろうか。私はふと、そこで、いろんなものがなくなっていることに気づいた、と思った。

私が好きだった武蔵小金井の古書店はもうなくなっていた。国立の古書店の一軒もなくなっている。それらの店や、その主人や、棚に並んでいた本を私はまだ覚えている。もし今日、歩かなかったら、私はそのことを思い出せなかったろう。

今日、歩いて、私はそのことを思い出した。それが今日の収穫なのだ。

『武蔵野の石仏』　加藤　蕙

武蔵野では無数の石のモニュメントに出合うが、これは小さなガイドブックなので持って歩くのにいい。

野ざらしである石仏は、風雨や、日の光などによってぼろぼろになり、輪郭もぼんやりしている。また人間になでられて、つるつるにすり減っているのもある。字の彫りも見えないものが多い。つまり石仏や、その他の石造物は石工によって彫られたままではなく、自然や他の人たちの手で変形してゆく。つまり彫られた時が完成なのではなく、時の経過の中で生成し、変わっていくものなのだ。つまり、自然と無数の人たちとの合作なのである。

この本の著者も、そのことをよく知っているようだ。「石仏への誘い」で次のように述べている。

「みるべき多くのもののすべてがすぐれているわけではない。造像の技術というものより、わたしには、その石仏の造像意義と、それを取りまく環境に惹かれるのである。極端にいえば、その石仏が美術史的にすぐれていなくてもいいのである。いきおい、わたしの石仏は墓塔が多くなる。したがって、石塔の占めるスペースが大きい。石塔に石仏の顔をみるのが、わたしの方法なのである」

「美術史的にすぐれていなくてもいい」という言い方におどろくかもしれない。しかし石仏そのものだけでなく、それを取り巻いている意味を重視するやり方が重要であると思う。

石仏、石造物のように、だれがつくったかほとんどわからないモニュメントにおいては、だれが、なんのためにつくったか、どこに置かれていたか、といった石仏をつつむ状況のすべてが大きな意味をもってくる。

さらに、それを見る今の私の目もまた意味をもってくる。そんな石仏を見に行く旅への姿勢をちょっと考えてみたくなる。

（保育社　一九六七年）

〝千人同心〟ゆかりの地

八王子 散策

八王子は昔よく行っていたが、このごろはあまり行かなくなった。いい古本屋がいっぱいあって、毎週のように通っていた。古本屋がぽつぽつと欠けていき、行かなくなったのである。

ひさしぶりに八王子を歩いてみたくなった。京王線の京王八王子駅から出発する。八王子の中心街は、JR中央線によって北と南に二分されている。今日は北側をめぐることにする。

JR八王子駅の少し北東に京王八王子駅がある。

JR線の北を浅川が流れている。JR線と浅川の間が、ほぼ八王子の中心である。

京王八王子駅の前をJR八王子駅から来る放射道路の一つが通っている、これを北東へ進むと浅川を渡る大和田橋に出る。東から来た甲州街道は、この橋を渡って八王子市内を西へ向かっている。

甲州街道が混むので、大和田橋を渡ったところから浅川沿いにバイパスがつくられている。バイパスはまっすぐな甲州街道に対して弓形の弧を描き、西部の追分で甲州街道とまた一つになる。

私は大和田橋まで歩き、バイパスを西へ向かおうとした。しかし橋の向こうにモダンな洋館が見えたので、橋を渡って見に行った。八王子ニューグランド・ホテルと、その結婚式場ともなる教会であった。今度、ゆっくり見にきたいと思い、今日は外から見るだけにした。

バイパスにもどり、西へ歩き出す。実はこのあたりは以前によく来たところだ。というのは、途中に私の好きな古本屋があったからだ。それは私にとっては夢のような古本屋であった。六階のビルの下の四階がすべて古本屋になっていた。八王子駅前にある「まつおか書房」の支店であり、もともとは倉庫だったのだろうが、そこを店として公開していたのである。

一階には店の人がいるが、上の三階は書棚が並んでいるだけで無人である。図書館の書庫のようだ。そこに開店とともに入れてもらって、上階から書棚をなめるように見ながら一階まで下りてくる。

私は毎週、行っていたので、ほとんどの本の位置をおぼえてしまったほどであった。まるで自分の書庫のように、ここを利用させてもらった。他の客はほとんどいなかった。

しかし残念なことに、数年前にこの店は閉じてしまった。駅前の店は残っているが、本のスペースは小さくなった。

そのビルの上の方に出ていた「本買入れます」という看板はまだ残っている。しかし、ビルのシャッターは下り、テナント募集の文字が見える。この古本屋にはずいぶんお世話になった。私が今、物を書きつづけていられるのも、そのおかげかもしれない。ここにい古本屋があったことを、私は書きとめておくことにしよう。

バイパスをさらに歩く。左手に八王子五中がある。その先に斜めに入る路地がある。〈竹の鼻〉と呼ばれている。竹を斜めに削いだような形からきているのだろうか。今のまっすぐで広い甲州街道ではなく、昔の甲州街道はむしろこのバイパスのコースを通っていたらしく、この〈竹の鼻〉は八王子宿への入り口であったらしい。

この路地の途中に十王堂があった。境内には一里塚趾がある。徳川家康が江戸に入り、五街道を整備し、八王子宿が開かれてゆく。

この境内には永福稲荷神社がある。そしてたくましい力士像が立っている。江戸の力士八光山権五郎である。八王子の絹問屋の息子であったが、相撲がうまく、この稲荷社に勝利を祈願したという。

神社の背後に、芭蕉の句碑がある。「蝶の飛ぶばかり　野中のひかげかな」と刻まれている。八王子のじりじりと暑い夏の日にふさわしい。

〈竹の鼻〉の路地を出て、新町の通りを南へ下ると、角に見覚えのある図書館がある。そこを左に曲がると京王八王子駅にもどる道である。途中に福伝寺と子安神社がある。

福伝寺の墓地は多くの人でにぎわっていた。線香の煙がたちこめている。今日はちょうど七月十三日、盂蘭盆会であった。

甲州街道（国道二十号）にもどる。八王子駅からまっすぐ北上する駅前大通りと交叉するところに市守神社（お酉《とり》様）がある。かつてこの地が小田原北条氏の所領だった頃、北条氏照の臣長田氏が京都伏見稲荷を勧請したという。このあたりは横山町といわれ、八王子の最も古い地区である。

交叉点の南西に「ダイエー」があるが、その西側の路地は今は銀座通りといわれるが、かつては〝あんま横丁〟といわれ、もみ療治をする人たちが多くいたという。宿場町では必要だったのである。

この路地のさらに西、「長崎屋」の横を通る路地のあたりは露店が並び、〈ボロ市〉が開かれていたという。今は、八王子駅から斜めに甲州街道の八日市交叉点まで達するショッピング・モールが露店市の場所になっていて、古本市なども開かれる。

「長崎屋」の西側の路地を北上し、甲州街道を渡って元横山町に入ると大義寺がある。ここも盂蘭盆会で混んでいた。

大義寺の南に新町から大横町へ抜ける道（いちょうホール通り）がある。それを西へ進み、左に入ると八幡・八雲神社が合祀されている。八幡神社は、八王子を開いた横山党が祀ったもので、八王子の草創の社だそうである。八雲神社は八王子城を築いた北条氏照が氏神としたもので、八王子城が落ちた後、ここに移された。八幡・八雲神社は、家康が江戸に入る以前の古い神々なのである。

ここから北へ向かい、バイパスに達したところに妙薬寺がある。裏手の林に横山氏の宝《ほう》篋《きょう》印塔がある。中世の武士団、武蔵七党の一つ横山党の歴史がここに残っている。中世の横山党、戦国の北条氏、そして家康の江戸という三層が八王子に重なっている。

妙薬寺から北へ、浅川に出る途中に毘沙門堂がある。一般の家の敷地内で、探すのに苦労した。このお堂から浅川までの間が田町といわれ、明治の頃は田んぼであった。横山町にあった遊郭が火事で焼けたので、ここに移された。昭和までにぎわっていたというが、その面影はまったく残っていない。

田町から甲州街道の八日町の交叉点に出る道がみずき通りで、昔は〝小谷横丁〟と呼ばれ、田町遊郭へ通う道であった。

北大通り（バイパス）を西へ進むと国道十六号にぶつかる。角にそば屋があった。ちょっと気になったが通りすぎて、交叉点を右へ曲がる。浅川橋の手前に極楽寺がある。八王子の数ある寺の中でも指折りのすばらしい寺である。八王子城にあったが、落城とともにここに移されたという。

八王子の歴史を語る人々の墓がある。北条の遺臣で八王子の基礎となった横山宿を開いた長田作左衛門の供養塔がある。玉田院の墓がある。武田信玄の孫娘で、武田家が滅んだ時、この地に逃れてきた。叔母の松姫も一緒だった。

八王子千人同心の墓もある。塩野適斎は蝦夷地の探検家で、『桑都日記』を書いている。歌川国直は歌川豊国の弟子で人情本を描いたが、天保改革で発禁となり、八王寺でひっそり暮らした。千人同心は八王子で西からの攻撃に備えるものであったが、徳川の太平の世でひまだったので、学問をしたり、絵を描いたりしていた。

緑が豊かな極楽寺を出て、急に空腹になったので、さっきのそば屋に寄った。おばあさんがそばをゆで、おじいさんが出前というのどかな店で、私はかき揚げそばを食べた。

店を出て、十六号線の西側の町に入る。宝樹寺、福全院など寺が多い。福全院の参道の途中に水天宮がある。安産、子育ての神として知られる。このあたりに衣裳店が軒を連ねていたと古い本にあるが、いつのことだったろうか。

さらに西へ平岡町の通りに出る。川口街道とか本郷横丁といわれる。北へ萩原橋を渡ると秋川街道である。橋から甲州街道までの間は特に本郷横丁と呼ばれる。

本郷横丁を南へ下り、甲州街道に出る。かつての繊維の町八王子の面影がかすかに残る地域である。西に歩くとすぐに追分である。バイパスが合流し、北の陣馬街道と南の甲州街道が分岐している。

甲州街道へ進むと千人町に入る。江戸に入った家康は、西からの敵に備えて、八王子に千人同心を置いた。北条や武田の残党の反撃をおそれたのである。しかし、そんな攻撃はなかったから八王子千人同心は、閑職になってしまい、毎日ひまをもてあました。武術の稽古などをすべきだったが、それにもあきて、学問をしたり、さらには遊芸道楽に溺れる者もあらわれた。江戸の遊里文学の作者には多くの千人同心がいたという。江戸文化と、ひまだった千人同心のことなどについて考えながらぶらぶら歩いている私も似たようなものかもしれない。

追分から陣馬街道に入り、やがて市役所通りに曲がる。その途中に、大正時代のように古びた店構えの古本屋があった。「一歩堂」という名である。寄らないわけにはいかない。きしむ戸をあけて入ると、なかなかいい本がそろえられていた。私は八王子の歴史の本の棚を眺めた。

本屋を出て、西へ曲がると多賀神社に出た。そこから南へ下り、陣馬街道を渡ってさらに行くと宗格院に着いた。そこから甲州街道に出た。角に八王子市中央図書館がある。そこで八王子史のところをのぞいて、今日の八王子散歩を打ち上げにした。

蘇る青春の日々

早稲田界隈

今日は早稲田界隈を歩いてみたい。ずいぶん昔、私は早稲田大学の露文科で学んだ。卒業してからも、早稲田通りの古本屋はよく行くので、かなりくわしいつもりであったが、やはり実際に歩いてみると知らないことも多く面白かった。

どこから出発しようか。いつも早稲田の古本屋街を歩く時のように、早稲田通りと、明治通りの交叉点から歩きだすことにする。角から早稲田通りを大学に向かってちょっと行ったところのカフェ、「ベローチェ」でコーヒーを飲みながら、今日のコースをチェックする。これも、いつものごとくである。そして歩き出す。

しかし、いつもより少し時間が早いので、まだ古本屋はあいていない。あとで寄ることにして先へ進む。向かって左側（北側）を歩く。あらためて気づいたのは、この通りは少し高いところを通り、左手には下りていく坂がいくつもあることだ。その一つを左へ折れて下っていくと、古びた路地がつづき、表通りの裏にこんな古びた街がひそんでいることにおどろかされる。

しばらく下ると、左に亮朝院という寺があり、石像の金剛力士が一対、立っている。江戸時代のものである。この寺の北西に天祖（アマツミオヤ）神社がある。このあたりは寺社が多く江戸時代の雰囲気がよく残っている。さらに北へ行くと広い通りに出る。新目白通りである。都電荒川線が早稲田から三ノ輪橋まで走っている。今や東京に残る最後の路面電車である。

この通りを渡ると神田川が流れ、面影橋がある。在原業平が顔を映したとか、いろいろ伝説がある。

また早稲田通りの方にもどって東へ進むと、早稲田通りは右に大きく曲がり、左にはグランド坂とまっすぐな広い道の二つが出ている。このあたりは高田馬場の由来となった江戸時代の馬場があったところだ。武士たちが乗馬の稽古にやってくるので、まわりに茶屋ができ、茶屋町と呼ばれた。

この辺に甘泉園がある。明治に相馬家の屋敷があったところで、後に早稲田大学の所有となり、今は新宿区立の庭園となっている。私は大学生の時によくこの庭園に来た。池のほとりで友人と歌などうたっていた。大学を出てから早稲田にはよく来ているが、ここには一度も来ていない。懐かしいので行ってみることにした。

紅梅が鮮やかに咲いている入り口から入る。庭園は斜面につくられ、下りたところに池がある。あまり変わっていないように見えた。池のほとりにたたずんでいると、懐かしさがこみあげてくる。あの時、よく一緒にいた友はもういない。私は不覚にも涙が出そうになった。

また早稲田通りのグランド坂上にもどる。堀部安兵衛が叔父の仇を討ったのもこのあたりで、甘泉園の前にその碑がある。坂上から、グランド坂と早稲田通りの間の細い道を入ると大学の西口に出る。それから校内を散歩するつもりであった。

ところが、なんと入学試験をやっていて、受験生と大学職員以外は入れなかった。あきらめて、グランド坂沿いに、大学の塀の外をまわって正門に出た。私はずいぶん昔の、大学に入った時のことを思い浮かべた。

やっぱり、早大生になって浮かれていたのだろうか、私はつい大学の角帽を買ってしまった。しかし授業がはじまって、私はついに、一度もそれをかぶることなく、卒業した。あの帽子はどうしたろうか、などとつまらないことを考えながら、かつて大隈重信邸であった大隈庭園をめぐった。それから大隈講堂の前を通った。私はここで〈第九〉を歌ったり、芝居に出たりしたことを思い出した。

正門前を過ぎ、早稲田通りの馬場下の方に向かう。喫茶店や食堂が並んでいる。その途中に、私が入っていた〈ソ研〉（ソヴィエト研究会）の部屋があった。その建物はもうない。

早稲田通りの馬場下に出る。向かい側に穴八幡が高台にそびえている。赤い鳥居が鮮やかだ。ここでは早稲田青空古本市が開かれるので、今でも時々来ている。

早稲田大学の文学部は、穴八幡の南側にある。もっとも、これは私たちが卒業した年にできたもので、私たちは早大本部の方の古い校舎で学んだ。

馬場下の交叉点から、早稲田通りをさらに進む。このあたりは喫茶店や食堂がぎっしりと並んでいる。私たちの頃は、これほどにぎやかではなかった。なにしろ貧乏な学生だったから、喫茶店などに行かず、もっぱら学食（学生食堂）であった。しゃれた店など入ったこともなかった。

やがて地下鉄東西線に出る。その先で早稲田通りから右に別れて上り坂が現われる。夏目坂と呼ばれる。坂の左手を角から数軒上がったところに夏目漱石の生まれた家があったからである。その先には、居酒屋の「そうせき」の看板が出ている。

坂の右手には寺が並んでいる。誓閑寺には立派な梵鐘がある。来迎寺には見ざる聞かざる言わざる（三猿）を刻んだ庚申塔がある。

この坂を夏目坂というのは、私はうっかり夏目漱石にちなんだと思っていたが、漱石の自伝的エッセイ『硝子戸の中』を読むと少しちがっている。このあたりは古くは江戸牛込馬場下横町といった。

夏目家は、この馬場下町の名主をつとめていた。牛込と高田馬場を支配していた。夏目小兵衛直克の時、明治維新となった。そして新しい地名をつけることになり、直克は夏目家の定紋井桁に十六弁の菊にちなんで喜久井町とし、家の前の坂を夏目坂と呼ばせたという。

この直克の子が漱石（六人の子の末子）で、生まれたのは明治維新の前年、慶応三年（一八六七）であった。つまり、夏目坂は漱石にちなんだのではなく、父の命名なのである。しかし、その名が今も親しまれているのは漱石のおかげだろう。

維新の激動で夏目家は没落し、末子の漱石（金之助）は生まれてすぐ養子に出され、一度はもどったが再び養子に出され、養家のごたごたで八歳の時にまたもどされている。したがって、この生まれた土地にはあまりいい記憶はないらしい。

夏目坂から早稲田通りにもどり、さらに神楽坂方面へと進む。外苑東通りとの交叉点（榎町交叉点）の少し手前を右へ入ると宗参寺がある。ここには山鹿素行の墓がある。江戸時代に官学である朱子学を批判して古学を唱えた。そのために播磨赤穂に流された。晩年に許されて江戸にもどり、山鹿流兵法を教えた。

宗参寺の裏手の細い道を歩くと、漱石公園に出る。漱石は松山や熊本などで教師をし、明治三十六年（一九〇三）、東京帝国大学の講師となる。『吾輩は猫である』で作家となる。東京でもあちこちに住むが、明治四十年（一九〇七）、この地に移り、大正五年（一九一六）に没するまで住んだ。「漱石山房」と呼ばれた。

早稲田界隈には漱石の生まれたところと終焉の地があるというわけだ。漱石山房はなくなっているが、その場所は漱石公園になっている。そこには石を積んだような猫塚がある。漱石がいた頃からあった庭飾りであったらしい。

小さな事務所があり、写真などが展示されている。聞いてみると、新宿区でつくった漱石山房のパンフレットを二つ、無料でくれた。私は地元でつくっているガイドブックに出合うのが好きだ。見て歩くのに役に立つだけでなく、あとで旅の思い出になるからだ。

漱石山房には、芥川龍之介をはじめとする多くの文士が集まった。ここでもらったパンフレットには出てこないが、漱石をめぐる画家たちのことが気になった。

私は十九世紀末のアール・ヌーヴォーという美術について調べてきた。漱石はちょうど一九〇〇年、パリ万国博覧会の時にヨーロッパに留学し、当時はやっていたアール・ヌーヴォーを日本に伝えている。そして橋口五葉という画家に自分の本を、アール・ヌーヴォー風に装丁させるのである。私は日本のアール・ヌーヴォーを探して橋口五葉という画家を知り、漱石との関係を調べていたことを懐かしく思い出した。

漱石山房を出て、外苑東通りを渡って多聞院にある松井須磨子の墓を訪ねた。死んだ島村抱月の後を追って一九一九年に自殺した。漱石の死の三年後である。坪内逍遥の文芸協会で「カチューシャ」を演じた日本の新劇女優の草分けである。

また漱石公園にもどり、その前の細い道を大学の方へ歩いた。〝漱石山房通り〟と今は呼ばれている。やがて早稲田通りに出た。すぐ馬場下である。穴八幡を通り抜けると、早稲田の古本屋街にもどってくる。もう古本屋が開いているので、のぞいていく。しょっちゅう来ているから、どの棚にどんな本があるか、ほとんどわかる。

かつて戦前に出たロシア文学がいっぱい並んでいた「文芸堂」、アートの珍しい本がある「五十嵐書房」、そして、思いがけない掘出し物がある「古書現世」などが並んでいる。ずいぶんなくなった本屋もある。この古本屋街にはずいぶんお世話になっている。私が今もなんとか書きつづけていられるのも、そのおかげであるかもしれない。

今日の散歩の出発点であった、早稲田通りと明治通りの角にもどってきた。お昼もかなり過ぎていて空腹である。私は早稲田に来た時にはいつも寄る「まつざか」という定食屋さんに行き、いつものさば焼定食を食べて、いつものように満足した。

今日の散歩は、学生時代のセンチメンタル・ジャーニーになった。漱石がまた早稲田界隈にもどってきたように、私もまた、若き日の懐かしい土地にもどってきたのかも知れない。

武蔵野文庫

『滅びゆく武蔵野』　桜井正信（文）・岡田沢治（写真）

武蔵野写真集といってもいいほど豊富な写真がちりばめられていて、見ているだけで楽しい。解説の桜井正信は駒澤大学の教授を務めた郷土史家であり、武蔵野について多くの本を出している。

この本はとてもよく作られていて、武蔵野の歴史と文化の全体を見渡すのに適しているし、地図も入っていてわかりやすい。これを見ていると、まだまだ行ってみたいところがある。

「今の武蔵野は曠野を埋める人文模様で交錯され、風土も、歴史も片すみに葬られて武蔵野を訪ねるに事欠くと思うが、実際は武蔵野は健在で、喪失してはいない。しかし、この本来の武蔵野像を正しく把握することがむずかしくなった。そのためにも、ここに岡田氏の撮し出した真眼の力をかりて武蔵野の秘められた時代像や、風土のうったえをとらえてみた。」

ここで著者が、武蔵野は健在といっているのはうれしいことだ。確かに壊れたり、失われたりして、見えにくくなっているが、それを想像力で補い、新しく見直すことも面白い。そのために、このような武蔵野本が必要なのだ。「滅びゆく……」という題名にもかかわらず、著者たちが、いや武蔵野は滅びないと力説しているのがおかしい。

「武蔵野は数千年の鈍重さと忍従でここに生き、一握りの文明を咲かせたにすぎない。その花の生命も武蔵野の野辺に踏みつけられて、散在する。そのあとにまた雑草が武蔵野の土壌、赤土のある限り消えることなく茂る。武蔵野の強い生命力はここにあるのだろう。私たちは、この真情で武蔵野の芒野や、雑木を分け、野仏にも会い、撮しつづった。

武蔵野の魅力は、いつでも再生してくる。それは忘れられるが、またもどってくる。新しい〈武蔵野〉像が求められる時に……。」

（有峰書店　一九七一年）

歴代の精霊たちが眠る地

中野の寺町

お盆が近い八月のはじめに、中野界隈の寺町を歩いた。猛暑の日であった。

中野駅を出ると目が痛いほどだ。北口からサンモールのアーケードを抜け、ブロードウェイに入る。いつも、このあたりは午後か夜に来るが、今日はまだ朝早く、ほとんどの店は閉まっていて、まっくらである。

ブロードウェイを抜けて早稲田通りに出る。夏の光がまぶしい。目がまわるような気がするので、中野通りの角の古い喫茶店に入って一休みする。今日は炎天下を歩いていくのが心配になる。

コーヒーを飲んで、あらためて気合いを入れて出発する。早稲田通りを中野通りから少し西へ向かい、北へ入る。このあたりは特になにもないが、古い街並みを感じさせる路地がつづいている。

やがて東京都下水道局中野処理場の前に出る。その手前にかつて中野刑務所があった。

明治四十三年（一九一〇）から昭和五十八年（一九八三）まであった。その後、取り壊されたが、赤レンガの門だけが残っていて、見ることができる。

私は先日、中野区で出した『中野のまちと刑務所―中野刑務所発祥から水と緑の公園まで』（一九八四）という本を手に入れたので、中野の寺町を歩くついでに、ぜひ、ここに寄りたいと思っていたのである。

中野刑務所は「治安維持法」と関係が深かった。すなわち政治犯、思想犯がここに入れられたのである。

たとえば大杉栄、荒畑寒村、亀井勝一郎、小林多喜二、中野重治、埴谷雄高、河上肇、三木清などが入っている。

戦後七十年が近づき、平和憲法も揺らぎつつある。そんな時、中野刑務所跡を訪れたのは偶然ではなかったかもしれない。刑務所跡は、公園となった。それは平和の森公園と呼ばれている。下水道局の北に広がる緑深い森である。その一画に平和資料展示室があった。そばで弥生時代の遺跡が発見された。

刑務所の跡地を公園とした時、弥生遺跡が発掘されたり、公園が平和の森と命名され、また平和資料展示室がつくられたことは、さまざまないきさつがあったことをうかがわせる。戦後七十年に、平和資料展示室を見るのも、なにかの縁かもしれない。ゲートルなどの戦時記念品、学童疎開の写真などを見ることができた。

忘れられたような展示室ではあったが、私はあらためて戦争について深く考えさせられた。中野刑務所跡にこの資料室があることは大きな意味を感じさせられる。

公園を出ると妙正寺川に出た。川沿いに少し下って二つ目の橋を南へ曲がり、坂を上ると北野神社である。神社の前の通りは中野通りである。通りを渡ると、新井薬師である。中野で最も知られた寺で、〝子育て薬師〟、〝眼薬師〟などといわれて親しまれている。縁日にはすごいにぎわいだというが、酷暑のこの日にはだれもいなかった。静かで、とてもいい雰囲気であった。

新井薬師を出ると、その門前通りがのびている。これは中野駅からのびている「あいロード」と呼ばれている。愛を新井と掛けているのだろうか。古きよき時代を感じさせる商店街である。

ところで、ここを歩いていたら思いがけない出会いがあった。「あいロード」は出会いロードでもあるらしい。向こうから歩いてくる若い人にあいさつされた。見たことはあるが、だれか分からない。この頃、どうも年を感じさせられる。「ささま書店にいました」とこの人がいった。荻窪の古書店の店員さんであった。「最近、独立して、この近くに店を持ちました。あいロードを早稲田通りに出たところです。ついでがあったらお寄り下さい」といわれた。

なんだか、この出会いにうれしくなって、また元気になった。私は本を書くことで生活してきた。しかし、このところ出会う出版社の人たちはあまり元気がない。本というのは、もう時代おくれなのかもしれない。本が売れない、とみんないう。本屋はどんどんなくなってゆく。それでも独立して、自分で新しい本屋を開く若い人がまだいるのだ。まだ、もう少し書いていこうかなと思う。

あいロードを北へ進む。西武新宿線の新井薬師駅のところに出る。線路を越して少し行き、右へ斜めに上っていく。やがて小さな公園がある。このあたりは上高田という。公園の奥に児童館と図書館がある。散歩の途中に図書館があれば必ず寄ることにする。地元の図書館には、ここにしかない資料がある。

中野区の資料を少しのぞく。ゆっくり見てはいられないが、地元の雰囲気だけでも感じることができる。

公園の隣には三井文庫がある。三井家の資料館である。その奥に三井家の墓所がある。墓所には入れなかったが、寺に所属しない、三井家だけの墓所を持っていると聞くと、あらためてすごいと思わせる。

この上高田地区は多くの寺が集っている。三井文庫から南へ下って、西武新宿線を再び渡り、坂を上ると萬昌院功運寺がある。曹洞宗の由緒ある寺で、かつて桜田門外にあった。有名人の墓がぎっしりある。

まず吉良上野介義央《よしなか》の墓がある。旗本水野十郎左衛門の墓、浮世絵師歌川豊国の墓がある。歌舞伎に出てくる面々がここで眠っているのだ。そして林芙美子の墓もここにある。お盆も近いので、墓掃除に来ている人たちもちらほら見かけた。

近くの宝泉寺は、天草の乱の鎮圧に向かった板倉内膳正重昌のゆかりの寺である。近くには境妙寺、願正寺、神足寺などがある。起伏の多い丘の斜面に寺が集まっている。

その坂道を下りてくると早稲田通りに出る。それを西へ行くと中野駅にもどる。この早稲田通りにも寺が集まっている。正見寺、青原寺、源通寺、高徳寺、龍興寺、松源寺、宗清寺、龍昌寺、保善寺、天徳院などである。

これらの寺は、明治の終わり頃、東京の中心部から移ってきたもので、明治から大正にかけて形成された寺町なのである。この時代は寺院にとっても、また東京という都市にとっても大きな転換期であり、危機でもあった。明治に入って神仏分離令が出され、寺院に大きな打撃を与えた。また明治期には、東京市の都市計画によって、中心部に大きな土地を持っていた寺院が区画整理によって立ち退きを迫られることになった。それにより、東京の郊外が大きく変わり、〈郊外〉そのものが見えてきたのだ。

中野の寺町というのは、そのような結果としてできたものなのだ。私は歩いてみて、そのことがよくわかったように思えた。

たとえば正見寺には笠森お仙の墓がある。お仙は、上野谷中感応寺の笠森稲荷の門前茶屋「鍵屋」の娘である。江戸美人の一人といわれ、浮世絵にも描かれた。その浅草美人の墓がなぜ中野にあるのか、というとお寺が引越してきたからである。

そのような寺の引越しというのは、都市の中心と周辺の文化の交流に役立っているのかもしれない。上野の人が中野に墓参りしにくるようになる。上高田などはまったく郊外の田園であったろうが、そこに立派な寺院建築がずらりと並び、都会的な景色が一挙に出現する。引越しはお墓にとっては迷惑だったろうが、郊外にとっては、中央文化の招致という意味を持っていたのである。

多くの寺院が並んでいるが、それぞれ個性があって面白い。青原寺は、鳩がいっぱい来たので〈鳩の寺〉といわれ、松源寺は〈サル寺〉といわれる。サルに引き止められて船に乗らなかったので助かったという伝説がある。門前にサルの像が置かれている。保善寺は獅子寺といわれる。将軍家光から、獅子のような猛犬をもらったからという。それぞれの寺につけられたあだ名が、その寺と街との新しい関係を物語っている。街にとけこんでいるのである。寺は、その街の歴史の舞台装置なのである。

お寺をめぐりながら、私は早稲田通りを中野駅の方にもどっていった。早稲田通りの「あいロード」入り口のところまできた。そろそろ今日の町歩きも終わりである。汗びっしょりで、へとへとになり、なんだか目がまわってきた。熱中症になりそうである。その時、私はふと思い出した。そういえば、さっき会った人の古本屋はこのあたりだ。

きょろきょろとあたりを探してみると、すぐにその店は見つかった。思ったより奥が広い、ゆったりした店だった。入っていくと若い店員が、「さっきは、どうも」と迎えてくれた。今日の旅の終わりに、この新しく開いた古本屋さんに寄ることができた。なんとなくうれしい。

「がんばって下さい」というようなことを私は言うつもりだったが、他のお客さんがいたので遠慮してしまった。本棚に並んだ本のセレクションを見れば、若い店主が本好きで、自分の好みを持っていることがわかる。

今日は、明治に中野に引越してきた寺院群をまわった。夏の日ざしにさらされて、きつかったが、吉良上野介や林芙美子の墓参りをすることができた。歴史の精霊を迎え、また送ることで、私は少しだけ彼らと親しくなった。

そして中野刑務所跡や平和資料展示室を訪ね、戦争と戦後七十年という忘れていた歴史を思い出した。

今日の旅は、中野の一画にかたまっている寺院群を見てまわろうというだけの単純な発想で歩き出した。しかし八月という酷暑の夏は、死者を思い出すお盆と〈戦争〉の記憶を呼び起こし、忘れていた時を流れ落ちる汗のようにしたたらせたのだった。

私は、その散歩の途中で思いがけなく知人に会い、その散歩の終わりに、中野に新しく開かれた店に招かれたのである。私は自分で歩いているのだろうか。それとも、なにかに歩かされているのだろうか。

若きアーティストたちのコロニー

落合　文士村

落合をじっくり歩いてみることにした。そのきっかけは劇団民芸で上演された『大正の肖像画』（吉永仁郎作）のプログラムの文章を依頼されたことである。

新宿の中村屋に集まった画家の一人、中村彝《つね》を主人公としているので、それを書くために新宿区落合に保存されているアトリエを見に行った。そして、もっとまわりを歩いてみたくなったのである。

その後、あらためて思い出したのだが、新宿区の北部、目白駅の西側の落合は、私にもまんざら縁がないという土地ではない。私は、この近くの雑司ヶ谷の渡辺医院で生まれた。すぐに引越したのだが、その後も、正月になると、私は両親に連れられて、渡辺先生に新年のあいさつに行っていた。

大人になり、編集者になってからは、落合にいる作家たちの原稿を取りによく通ったことが思い出される。そんな古い記憶が甦ってきて、落合を歩くことにした。

落合は、〈落合文士村〉といわれるほど、多くの作家や画家が住みついたことで知られる。また〈目白文化村〉といういい方もある。ここで整理しておくと、〈落合文士村〉は自然発生的に芸術家が集まってできてきたアーティスト・コロニー（芸術家村）である。〈目白文化村〉は、その落合地区に堤康次郎が開発した住宅地である。

地図を見ると、目白駅の西側に、下落合、中落合、上落合とあり、さらに西落合がある。〈目白文化村〉は中落合に開発された。

前おきが長くなったが出発しよう。

出発は高田馬場駅にする。駅から北西の方向のさかえ通り商店街を抜けると川に出る。神田川である。川に沿って西へ行くと、西武新宿線の下落合駅の近くに出る。この駅のすぐ北にはもう一本の川が流れている。妙正寺川である。

落合という地名は、この二つの川が接近し、落ち合っているということでつけられている。このあたりは、二つの川の織りなす複雑な地形にできた市街なのだ。

下落合駅の南で神田川は大きく曲がっている。南から流れてきて、ここで東へ曲がるのである。神田川の西側には落合中央公園という緑地がある。そのさらに西が上落合で、落合文士村は、このあたりからはじまっているようだ。

八幡通りと上落中通りが南を東西に走る早稲田通りに達している。このあたりの路地が面白い。まるで昭和初期の東京が残っているかのような、細い迷路のような複雑さを感じさせるのである。

八幡通りの一本西の路地に入る。途中に月見岡八幡神社がある。隣は幼稚園になっている。この神社の前の路地に、村山知義がいたという。〝三角の家〟といわれたモダンな家であった。ドイツで前衛芸術を学び、構成主義を唱えた。劇作家としても、絵本作家としても知られている。

村山がここに住んだこともあって、このあたりにプロレタリア文学の作家たちが集まり、落合文士村の一つのきっかけをつくったようだ。中野重治もこの近所にいた。

八幡神社のまわりの路地をめぐっていく。迷いながら、同じところをぐるぐるまわる。やや広い上落中通りを渡り、落合第二小学校の前を過ぎる。この近くに壺井繁治・壺井栄夫婦がいた。

やがて大きな通りに出る。山手通りである。それを渡ってさらに西へ行った上落合二丁目も入り組んだ路地が残っている。ここには尾崎一雄がいた。このあたりは〝なめくぢ横丁〟と呼ばれていた。その雰囲気が残っていて、わくわくさせられる。

ここから北へ向かうと川に出る。妙正寺川である。川を渡ると、このあたりは中井で、西武新宿線の中井駅に近い。北側の高台から川に向かって、一の坂から五の坂までの坂道が下りている。その四の坂のところに林芙美子記念館がある。流行作家となった芙美子がここに家をつくり、ここで亡くなっているのである。坂の上り口の左手に記念館の入り口がある。生活棟とアトリエ棟を渡り廊下でつないだかなり大きな和風建築である。貧乏な放浪生活をした林芙美子が最後に築いた夢の家だったと思うと、少ししんみりする。

記念館から妙正寺川へ下りてきたあたりに、〝もぐら横丁〟と呼ばれた路地があった。林邸は、高台からそれを見下ろしていたことになる。

また、もどって四の坂を上る。風情のあるいい坂である。坂上は中落合である。中井出世不動尊の前に出る。ここから北東へ行くと目白文化村なのだが、そこに行く前に、私は北西に向かい、西落合の地区に寄っていくことにした。

北上すると大きな通りに出る。新青梅街道である。それを渡ると西落合三丁目である。すっかり変わってしまっているが、このあたりは私にとって思い出深い。西の方に大きな塔が立っている。懐かしさがこみあげてくる。

もうずっと昔、編集者だったころ、私は『世界写真年鑑』を手伝っていた。編集委員の一人瀧口修造の担当であった。瀧口さんの家は、このあたりにあり、私は原稿をもらいに日参していたのである。

なにしろ、なかなか書かない人で、一日に二百字しかできない。私は毎日、二百字の原稿用紙一枚をもらいに通っていたのであった。しかし、瀧口さんは新米の編集者を相手にいろいろおしゃべりをしてくれる。奥さんにお茶を出してもらい、瀧口修造の話を毎日聞けるという、今思うと夢のような仕事であった。

西武池袋線の東長崎駅で下りて、落合の瀧口家に通った。しかし今度歩いてみたが、もう昔の家は見つけることができなかった。来る時や帰りに、西の方に見える大きな塔を見上げるのが私は好きだった。その塔がなんなのか当時は知らず、近くに行ってみることもなかった。いつも遠くからちらりと見るだけだったのである。

瀧口さんの家を見つけられなかったので、私はあの塔まで行ってみることにした。上の部分がクラシックで、お伽話の塔のようだ。西にどんどん歩いていくと、塔の下に出た。この塔は野方給水塔であった。〝みずのとう〟と呼ばれ、そのまわりは〈みずのとう公園〉になっている。しかし、塔の下に行くと、白っぽい円塔の胴体しか見えない。装飾は上部にだけほどこされているので、遠くから見ないと面白くないのである。

それでも、なんの塔かという疑問は、何十年ぶりかで解けた。私はぶらぶらともどった。新青梅街道を通り、大江戸線の落合南長崎駅に出た。ここで新目白通りが交叉している。新目白通りの北側の中落合三丁目が、目白文化村であった。新しく開発されて売り出された住宅地なので、医者や学者といった、中流の上の文化人がここを買ったようである。なめくぢ横丁や、もぐら横丁といった貧乏文士が住みついた地域とはいくらかちがっている。目白文化村一番地には会津八一がいた。

文化村から東へ進むと大きな通りに出る。山手通りである。中井駅のところを通り、さっき歩いたなめくぢ横丁の東側を通っている。

山手通りを渡ると中落合二丁目で、聖母病院がある。この近くに佐伯祐三のアトリエが残されている。私は何度か訪れているが、いつ来ても迷ってしまう。今度もぐるぐるまわってしまった。すぐ近くなのだが、なかなか近づけないのだ。

やっと細い入り口を見つけてたどり着くことができた。佐伯などの日本の近代美術の本をつくっていた頃のことを、佐伯のアトリエ記念館に座って思い出した。過ぎ去った長い時が甦ってきて、ちょっと感傷的になる。

アトリエを出るとすぐに聖母病院の前の通りである。こっちから入ってくればすぐに見つけられたな、とあとから思う。それから細い路地をあちこちとさまよいつつ東へ向かう。もう面倒くさいので地図を見るのをやめて、足の向くまま歩いていく。東京の街にこんなにも古い路地が残されているのだ、と思うと楽しくなってくる。

聖母病院のあたりから下落合に入っている。どこをどう歩いたか、あとになるとわからないが、東へ向かっているうちに、どこか見覚えのある道に出てくる。このあたりだったな、と思った時、アトリエの尖った屋根が見えた。中村彝のアトリエである。この前来たばかりで、その時も迷って近くの人に案内してもらったばかりなので、いくらか覚えていたのである。

中村は新宿中村屋の相馬黒光の後援を受けて絵を描いた。黒光の娘俊子を描き、俊子を愛したが、結ばれず、中村家を出て、落合にアトリエを建てた。胸を病み、三十七歳で、このアトリエで息を引きとった。このアトリエにもその複製が飾ってあるが、私は中村の描いた俊子像が好きだ。

この前も、このアトリエにしばらく座っていたが、あらためて、また見せてもらう。今日は落合をめぐり、林芙美子記念館、佐伯祐三アトリエ記念館を見てきて、その最後に中村のアトリエを見ている。

この落合に集まってきた作家や画家たち、彼らがここで求めた芸術の夢の跡を今日は訪ねたのだ。彼らの大正・昭和の青春の夢のはかなさに少し胸をうたれる。

中村のアトリエを出て、また路地を抜けて目白の駅に出た。駅の西側の谷底のような一画に古い時がまだ残っているかのようだった。にぎやかな目白通りの背後に、まだ、こんなにも古い東京の路地がひそんでいることに私はおどろかされた。

次は落合の北側に接する池袋モンパルナスと呼ばれる芸術家村を訪ねてみたいと思っている。

芸術家たちの夢の跡

池袋モンパルナス

前回、〈落合文士村〉を歩いた。新宿の北、目白駅の西に、作家や画家が集まった芸術家村（アーティスト・コロニー）があった。その〈落合文士村〉の北、池袋駅の西に〈池袋モンパルナス〉と呼ばれるもう一つの芸術家村があった。今日は、そこをまわってみたい。〈池袋モンパルナス〉の名は、ここに住んだ詩人小熊秀雄《おぐまひでお》がつけたものという。小熊は北海道小樽生まれであるが、一九二八年に上京し、池袋に住んだ。プロレタリア詩を書き、童話作家でもあった。パリのモンパルナスに集まった異邦人画家たちの芸術家村に池袋をたとえたのである。〈池袋モンパルナス〉がにぎわったのは、一九二〇年代から三〇年代にかけてであった。

池袋駅西口を出発する。角に「マルイ」がある西口五叉路のすぐ先で道は二叉になり、池袋二叉交番がある。右の広い通りは要町通りで、左は立教通りである。立教通りに入ると左手に「ドリーム・コーヒー」がある。コーヒー豆や、粉を売る店でカフェにもなっている。コーヒーがうまく、バター・トーストがうまいので、このあたりにくると、ここでコーヒーを飲む。にがいコーヒーで目が覚めて、いよいよ歩き出す。

カフェの数軒先に「夏目書房」がある。このごろ少なくなった古書店らしい古書店で、いい本があるので、時々くる。そして帰りにコーヒーを飲むのである。しかし、その先はあまり行ったことがない。先に進むと立教大がある。立教大は一九一八年に築地から池袋に移ってきた。そのころは地名どおり池（沼地）があって、家も少なかったらしい。それ以後に住宅地として開発されてくるのである。

立教大を過ぎたところに信号機があり、霜田橋と書かれている。ここには、かつて谷端川という川が流れていたが埋めたてられ、谷端川緑道という遊歩道になっている。谷端川はかつて西の方から流れてきて、椎名町駅（西武池袋線）の南で大きく曲がって北へ向かい、この霜田橋を通って、さらに北へ流れていた。〈池袋モンパルナス〉には五つほどのアトリエ村があったが、その多くはこの川沿いにあった。

霜田橋から谷端川緑道を南へ、西武池袋線まで歩く。途中に羽黒神社がある。このあたりに「谷端川沿いアトリエ村」があり、麻生三郎、野田英夫などの画家がいた。今は普通の住宅街となっているが、一軒の廃屋に「西池袋アート」という看板が見えた。

羽黒神社から西へ向かうと大きな通りに出る。山手通りである。それを渡ってさらに西へ進む。長崎一丁目の通りである。サンロードという商店街を渡る。サンロードを南へ行くと椎名町駅である。

長崎二丁目には「さくらが丘パルテノン」と呼ばれるアトリエ村があった。〈池袋モンパルナス〉の主な五つのアトリエ村の中でも一番大きかった。「原爆の図」で知られる丸木位里・俊はここに住んだ。北川民次、井上長三郎のアトリエもあった。（井上長三郎についでは思い出があり後述）

一九三五年、初見六蔵・こう夫妻によって「さくらが丘アトリエ村」がつくられた。アトリエつきの集合住宅をつくり、若い無名の画家たちに安く貸したのである。初見は、アメリカで財を成したクリスチャンであったという。稼いだ金でアーティストを後援するという考えが当時あったのである。

「さくらが丘パルテノン」のアトリエ群もなくなってしまったが、今でも、その迷路のような路地が残っていて雰囲気を感じさせる。かつてこの路地裏で、貧しく無名な画家たちがヨーロッパのモダン・アートと日本の現実の矛盾にもだえ苦しみながら、迫りくる戦時の暗い時代に入っていったのだ。

さくらが丘から北へ向かう。千早二丁目に入る。途中の赤蟻通りに熊谷守一《くまがいもりかず》美術館がある。〈池袋モンパルナス〉にいた画家で、この地に美術館を持った唯一の画家である。岐阜の生まれで、一九三二年にこの地にアトリエを持った。晩年の洋風と和風を折衷した不思議な画風で知られた。

美術館を出て、少し北へ進むと、三つ目のアトリエ村「つつじが丘」に出る。その東側をかつて谷端川が流れ、さらに「さくらが丘」の東端を通り、その先でぐるっと曲がって北へ進み、「谷端川ぞいアトリエ村」に沿って流れていた。

「つつじが丘」から東へ向かうと要町通りに出る。それを渡って少し行くと、今日、四つ目のアトリエ村「すずめが丘」である。ここが〈池袋モンパルナス〉の原点である。

一九二〇年、詩人花岡謙二が池袋西口に「ミドリヤ書店」を開き、文化人の集まるサロンとなった。関東大震災後、花岡はこの店を譲って、長崎村北荒井（今の要町三丁目）に下宿屋「培風寮」を開いた。ここに靉光《あいみつ》などが住むようになった。さらに、その東側に貸アトリエがつくられ、このあたりが「つつじが丘アトリエ村」になっていった。培風寮は今はない。その東側にのびる高松商店会通りまでの路地を抜けていくと、かすかにアトリエ村の雰囲気が感じられるような気がした。

二十世紀初頭の画家たちはボヘミアンともいわれた。放蕩無頼の放浪者のことである。酒を飲み、夜中まで騒ぎ、一般の人たちとはちがう自由人といったイメージが芸術家につきまとうようになった。裸のモデルを描くことと、性的な自由が結びつけられたりした。それだけに、一般人は画家に家を貸すことをいやがった。池袋のアトリエ村は、そのような家が借りにくい画家たちのためにつくられていた。画家たちが集まったのも当然であった。自由な芸術に理解があったともいえるし、逆に、一般の人の借り手がこのあたりでは少なかったからであったかもしれない。

「すずめが丘」には松本俊介を中心とする赤荳会のアトリエもあったといわれる。

私は旧培風寮の跡に建ったアパートの前にたたずんだ。ここには私が好きな画家靉光がいたという。彼は一九四五年に応召し、上海で没している。代表作に「眼のある風景」がある。シュールレアリズム的な、一度見たら忘れられない絵である。この画題は友人の井上長三郎が命名したという。

この絵は今、東京国立近代美術館に飾られている。しかし美術館に入る前に私はこの絵を見た。『日本の美術』という全集を編集していた私は、その「近代美術」の巻にどうしてもこの絵を入れたいと思った。行方はなかなかわからなかったが、靉光の友人井上長三郎に預けられていることがわかり、撮影させてもらえることになった。

井上さんのアトリエを訪ねると、くるくると巻かれたキャンバスが出てきた。広げると「眼のある風景」であった。美術館に入る前、額縁にも入っていなかったこの絵を見ることができた、というのが私のささやかな誇りである。

「すずめが丘アトリエ村」から東へ進むと広い通りに出る。山手通りである。池袋駅から出発して、ぐるっとまわって、また池袋駅の方へもどってきたのである。山手通りを渡ると、また谷端川緑道に出る。それに沿って北へ向かうと、やがて今日の旅の五つ目のアトリエ村「ひかりが丘・みどりが丘」に着く。二つの丘はほとんど接しているので一緒にあつかう。また、ここは板橋区なので板橋アトリエ村ともいわれる。「さくらが丘」をつくった初見がここもつくっている。

「ひかりが丘」から東へ向かうと、池袋駅はもうすぐである。飲食店やゲームセンターなどがひしめく池袋の盛り場がにぎわっている。かつて、その両側に〈池袋モンパルナス〉という画家たちの村があったことに気づくことはないかもしれない。

私は今日、〈池袋モンパルナス〉の五つのアトリエ村をめぐった。そこには苦しみ、悩みながら絵を描いていた若者の青春があった。そのある者は戦争に行ってもどらなかった。一九三〇年代に広がったアトリエ村は第二次世界大戦の嵐で吹き散らされてしまった。それでも池袋はその記憶を残そうとしている。

アトリエ村をまわったことで、私は日本の近代美術史がいきいきと感じられるようになった。作品を見るだけでなく、彼らが歩いた街を私も歩くことで、それらの作品がより人間的に見えてくるように思えた。

そして、ここを歩くことで、画家が一人で絵を描くだけでなく、絵を描かせるためにアトリエを準備し、その生活を支えてやろうとする人々についても気づくことができた。そして松本俊介や、靉光など私の好きな画家のことがあらためて思い出された。くるくると巻かれていた「眼のある風景」のこともずっと忘れていた。また彼らの絵を見たくなった。〈池袋モンパルナス〉に、この地で描いていた画家の絵を集めた美術館がつくられたらいいな、と思えた。熊谷守一以外の絵は、ここでは見られないのだ。

立教通りにもどってくると、学生たちが勢いよく歩いていて、思わず見とれてしまう。ふと、〈池袋モンパルナス〉にいた画家たちの青春について、彼らに話したいと思ったりする。一九三〇年代の青春は君たちには通じないだろうか。いや、それは今にもつづいているのではないだろうか。そう思いつつ、私はうつむいて、若者たちの間を歩いている。

武蔵野をすこしずつ歩いてきた私の旅をここで結ぶことにしよう。

★Ⅲ章所収の一〇篇は、同人誌『断絶』(二〇一二年三月～二〇一七年二月発行)に掲載されたものです。

あとがき

この武蔵野散歩は、同人誌『断絶』に連載されたものである。同人の作品の間の息抜き、コーヒーブレイクにでもなればという気持ちで書いていた。本にまとめるつもりもなく、すっかり忘れていたが、思いがけなく、この文章を惜しんでくれる人がいて、この本が出ることになった。

私は『モダン都市東京』で東京を歩くようになった。そして東京の郊外である武蔵野を歩いてみたいと思うようになった。そのきっかけは、この本でも触れているが、國木田独歩の『武蔵野』であった。一九〇〇年ごろ独歩は渋谷の今のＮＨＫのあたりに住み、その庭先から武蔵野が始まるといっている。そして、それから百年後の二〇〇〇年ごろには武蔵野はどこまで都市化されただろうか。

そんなことを考えながら、私は歩き出した。そして『武蔵野を歩く』（アーツ・アンド・クラフツ　二〇〇六年）を書いた。この本は頼まれて書いたものであり、武蔵野を区分して全体をカヴァーするようにまわっている。しかし今度の本は、そのようなプランなしに、その時の気分で思いついたところを歩いている。時には同じところをまた通ったりする。

その気ままな自由さ、即興性が、この本の特徴である。

それからお断りしたいのは、いわゆるガイドブックとしてはこの本は役に立たない。実は久しぶりに連載された文章を読み直したのだが、おどろいたのは、そこに出てくる古本屋、カフェのほとんどが今はない。あらためて二十一世紀に入った武蔵野の激しい変化におどろかされる。

ガイドブックにならない、と言ったのは言いすぎかもしれない。私が記録したのは多くの失われたものであるが、読者はそこに今の武蔵野を重ね、なにがなくなり、なにが残り、なにが新しくつくられているかという、武蔵野の変化、歴史の奥行を見ることができる。そのような百年のパースペクティヴのうちに武蔵野を見たいという読者は少ないかもしれないが、私はその人たちに向かって書きつづけてきた。

この本には「断絶」の同人であった時代の懐かしい思いがいっぱいつまっていて、校正を見ながら、しばしば中断して古い時代にひたった。少しだけ、そのことを書いておきたい。

「断絶」に入ったのは、私が平凡社に入った時、馬場一郎という先輩に誘われたからである。馬場さんは早稲田の仏文科の出身で、私は露文科であったから、後輩としてかわいがってくれた。そして「断絶」の同人に加えてくれたのである。馬場さんは私を文壇の作家のところに連れていってくれた。平凡社と『断絶』で馬場さんが教えてくれたことが、私をもの書きとして育ててくれた、と私は思っている。

馬場さんは平凡社で『太陽』の編集長となり、この雑誌を成功させた。その後、私も何年か『太陽』の編集者をしたが、やがてフリーのもの書きになりたいという思いが強くなり、平凡社をやめた。しかし、「断絶」での馬場さんとの縁はつづいた。「断絶同人会」は、家族的で居心地がいいので、私は作品はあまり書かないのに、忘年会だけは出席していた。そのお詫びもこめて「武蔵野すこしずつ」というエッセイを書いていたのである。

やがて、生活のために書くことにいそがしくなり、私は「断絶」を引退させてもらった。しかし私を忘れないでくれた同人の吉田善穂さんが、この本を企画し、まとめてくれた。そして楽しいスケッチも描いてくれた。

しかし編集がはじまった時、コロナウイルスの嵐が吹き荒れはじめた。会って打ち合わせをすることもできない、という大変な状況の中で本を発行してくれた冬青社さんに深く感謝する。さらに、このような時に、校正や印刷、製本などに関わってくれたすべての人、ありがとう。

この大変な時期に、この本が出るのは奇跡のようだ。それが読者にとどいてくれることを心から願っている。

この本を今は亡き馬場一郎と、私をいつも応援してくれた『断絶』の仲間たちに捧げる。

二〇二〇年盛夏

海野　弘

海野　弘（うんの・ひろし）

1939年、東京都生まれ。早稲田大学文学部ロシア文学科卒業。平凡社に入社。美術書、雑誌『太陽』を編集。フリーとなり、美術・映画・音楽・都市論などの分野で執筆活動をしてきた。

『アール・ヌーボーの世界』（造形社）、『モダン都市東京――日本の1920年代』、『プルーストの部屋』（中央公論社）、『陰謀の世界史』（文芸春秋社）、『アルフォンス・ミュシャの世界』、『グスタフ・クリムトの世界』（パイ・インターナショナル）、『ロシアの世紀末』（新曜社）、『映画は千の目をもつ』（七つ森書館）など多数。

〈制作協力〉
編集・ブックデザイン・スケッチ　吉田善穂

武蔵野マイウェイ

2021年１月08日　第１刷印刷
2021年２月26日　第１刷発行

著　者　海野　弘
発行者　岡野恵子
発行所　株式会社 冬青社
〒325-0103　栃木県那須塩原市青木27-1969
Tel. 0287-74-2165　Fax. 0287-74-5067
e-mail：tosei-sha@nifty.com

印刷・製本所　(社)東京コロニー印刷

ISBN 978-4-88773-197-4　Printed in Japan